書名：地理秘珍
作者：錫九氏輯注
系列名：心一堂術數珍本古籍叢刊　堪輿類

主編、責任編輯：陳劍聰
心一堂術數珍本古籍叢刊編校小組：陳劍聰　素聞　梁松盛　鄒偉才　虛白盧主

出版：心一堂有限公司
地址／門市：香港九龍尖沙咀東麼地道六十三號好時中心 LG 六十一室
電話號碼：(852)2781-3722
傳真號碼：(852)2214-8777
網址：http://www.sunyata.cc
電郵：sunyatabook@gmail.com
心一堂術數珍本古籍叢刊網上論壇 http://bbs.sunyata.cc/

版次：二零一二年五月初版，平裝

港幣　一百七十八元正
定價：人民幣　一百七十八元正
新台幣　七百二十元正

國際書號：ISBN 978-988-8058-91-4

香港及海外發行：利源書報社
地址：香港新界荃灣德士古道 220-248 號荃灣工業中心 1609-1616 室
電話號碼：(852)2381-8251
傳真號碼：(852)2397-1519

台灣發行：秀威資訊科技股份有限公司
地址：台灣台北市內湖區瑞光路七十六巷六十五號一樓
電話號碼：(886)2796-3638
傳真號碼：(886)2796-1377
網路書店：www.govbooks.com.tw
經銷：易可數位行銷股份有限公司
地址：新北市新店區中正路 542 之 3 號 4 樓
電話號碼：(886)82191500
傳真號碼：(886)82193383
網址：http://ecorebooks.pixnet.net/blog

中國大陸發行・零售：心一堂書店
深圳地址：中國深圳羅湖立新路六號東門博雅負一層零零八號
電話號碼：(86)0755-82224934
北京地址：中國北京東城區雍和宮大街四十號
心一堂網上書店：http://book.sunyata.cc

心一堂術數古籍珍本叢刊 總序

術數定義

術數，大概可謂以「推算、推演人（個人、群體、國家等）、事、物、自然現象、時間、空間方位等規律及氣數，並或通過種種『方術』，從而達致趨吉避凶或某種特定目的」之知識體系和方法。

術數類別

我國術數的內容類別，歷代不盡相同，例如《漢書・藝文志》中載，漢代術數有六類：天文、曆譜、無行、蓍龜、雜占、形法。至清代《四庫全書》，術數類則有：數學、占候、相宅相墓、占卜、命書、相書、陰陽五行、雜技術等，其他如《後漢書・方術部》、《藝文類聚・方術部》、《太平御覽・方術部》等，對於術數的分類，皆有差異。古代多把天文、曆譜、及部份數學均歸入術數類，而民間流行亦視傳統醫學作為術數的一環；此外，有些術數與宗教中的方術亦往往難以分開。現代學界則常將各種術數歸納為五大類別：命、卜、相、醫、山，通稱「五術」。

本叢刊在《四庫全書》的分類基礎上，將術數分為九大類別：占筮、星命、相術、堪輿、選擇、三式、讖緯、理數（陰陽五行）、雜術。而未收天文、曆譜、算術、宗教方術、醫學。

術數思想與發展——從術到學，乃至合道

我國術數是由上古的占星、卜著、形法等術發展下來的。其中卜著之術，是歷經夏商周三代而通過「龜卜、著筮」得出卜（卦）辭的一種預測（吉凶成敗）術，之後歸納並結集成書，此即現傳之《易經》。經過春秋戰國至秦漢之際，受到當時諸子百家的影響、儒家的推崇，遂有《易傳》等的出現，原本是卜著術書的《易經》，被提升及解讀成有包涵「天地之道（理）」之學。因此，《易・繫辭傳》曰：「易與天地準，故能彌綸天地之道。」

漢代以後，易學中的陰陽學說，與五行、九宮、干支、氣運、災變、律曆、卦氣、讖緯、天人感應說等相結

合，形成易學中象數系統。而其他原與《易經》本來沒有關係的術數，如占星、形法、選擇，亦漸漸以易理（象數學說）為依歸。《四庫全書．易類小序》云：「術數之興，多在秦漢以後。要其旨，不出乎陰陽五行，生尅制化。實皆《易》之支派，傅以雜說耳。」至此，術數可謂已由「術」發展成「學」。

及至宋代，術數理論與理學中的河圖洛書、太極圖、邵雍先天之學及皇極經世等學說給合，通過術數以演繹理學中「天地中有一太極，萬物中各有一太極」（《朱子語類》）的思想。術數理論不單已發展至十分成熟，而且也從其學理中衍生一些新的方法或理論，如《梅花易數》、《河洛理數》等。

在傳統上，術數功能往往不止於僅僅作為趨吉避凶的方術，及「能彌綸天地之道」的學問，亦有其「修心養性」的功能，「與道合一」（修道）的內涵。《素問．上古天真論》：「上古之人，其知道者，法於陰陽，和於術數。」數之意義，不單是外在的算數、歷數、氣數，而是與理學中同等的「道」、「理」—心性的功能，北宋理氣家邵雍對此多有發揮：「聖人之心，是亦數也」、「萬化萬事生乎心」、「心為太極」。《觀物外篇》：「先天之學，心法也。……蓋天地萬物之理，盡在其中矣，心一而不分，則能應萬物。」反過來說，宋代的術數理論，受到當時理學、佛道及宋易影響，認為心性本質上是等同天地之太極。天地萬物氣數規律，能通過內觀自心而有所感知，即是內心也已具備有術數的推演及預測、感知能力；相傳是邵雍所創之《梅花易數》，便是在這樣的背景下誕生。

《易．文言傳》已有「積善之家，必有餘慶；積不善之家，必有餘殃」之說，至漢代流行的災變說及讖緯說，我國數千年來都認為天災，異常天象（自然現象），皆與一國或一地的施政者失德有關；下至家族、個人之盛衰，也都與一族一人之德行修養有關。因此，我國術數中除了吉凶盛衰理數之外，人心的德行修養，也是趨吉避凶的一個關鍵因素。

術數與宗教、修道

在這種思想之下，我國術數不單只是附屬於巫術或宗教行為的方術，又往往已是一種宗教的修煉手段—通過術數，以知陰陽，乃至合陰陽（道）。「其知道者，法於陰陽，和於術數。」例如，「奇門遁甲」術中，即分為「術奇門」與「法奇門」兩大類。「法奇門」中有大量道教中符籙、手印、存想、內煉的內容，是道教內丹外法的一種重要外法修煉體系。甚至在雷法一系的修煉上，亦大量應用了術數內容。此外，相術、堪輿術中也有修煉望氣色的方法；堪輿家除了選擇陰陽宅之吉凶外，也有道教中選擇適合修道環境（法、財、侶、地中的地）的方法，以至通過堪輿術觀察天地山川陰陽之氣，亦成為領悟陰陽金丹大道的一途。

易學體系以外的術數與的少數民族的術數

我國術數中，也有不用或不全用易理作為其理論依據的，如楊雄的《太玄》、司馬光的《潛虛》。也有一些占卜法、雜術不屬於《易經》系統，不過對後世影響較少而已。

外來宗教及少數民族中也有不少雖受漢文化影響（如陰陽、五行、二十八宿等學說）但仍自成系統的術數，如古代的西夏、突厥、吐魯番等占卜及星占術，藏族中有多種藏傳佛教占卜術、苯教占卜術、擇吉術、推命術、相術等；北方少數民族有薩滿教占卜術；不少少數民族如水族、白族、布朗族、佤族、彝族、苗族等，皆有占雞（卦）草卜、雞蛋卜等術，納西族的占星術、占卜術，彝族畢摩的推命術、占卜術…等等，都是屬於《易經》體系以外的術數。相對上，外國傳入的術數以及其理論，對我國術數影響更大。

曆法、推步術與外來術數的影響

我國的術數與曆法的關係非常緊密。早期的術數中，很多是利用星宿或星宿組合的位置（如某星在某州或某宮某度）付予某種吉凶意義，并據之以推演，例如歲星（木星）、月將（某月太陽所躔之宮次）等。不過，由於不同的古代曆法推步的誤差及歲差的問題，若干年後，其術數所用之星辰的位置，已與真實星辰的位置不一樣了；此如歲星（木星），早期的曆法及術數以十二年為一周期（以應地支），與木星真實周期十一點八六年，每幾十年便錯一宮。後來術家又設一「太歲」的假想星體來解決，是歲星運行的相反，週期亦剛好是十二年。而術數中的神煞，很多即是根據太歲的位置而定。又如六壬術中的「月將」，原是立春節氣後太陽躔娵訾之次而稱作「登明亥將」，至宋代，因歲差的關係，要到雨水節氣後太陽才躔娵訾之次，當時沈括提出了修正，但明清時六壬術中「月將」仍然沿用宋代沈括修正的起法沒有再修正。

由於以真實星象周期的推步術是非常繁複，而且古代星象推步術本身亦有不少誤差，大多數術數除依曆書保留了太陽（節氣）、太陰（月相）的簡單宮次計算外，漸漸形成根據干支、日月等的各自起例，以起出其他具有不同含義的眾多假想星象及神煞系統。唐宋以後，我國絕大部份術數都主要沿用這一系統，也出現了不少完全脫離真實星象的術數，如《子平術》、《紫微斗數》、《鐵版神數》等。後來就連一些利用真實星辰位置的術數，如《七政四餘術》及選擇法中的《天星選擇》，也已與假想星象及神煞混合而使用了。

隨着古代外國曆（推步）、術數的傳入，如唐代傳入的印度曆法及術數，元代傳入的回回曆等，其中我國占星術便吸收了印度占星術中羅睺星、計都星等而形成四餘星，又通過阿拉伯占星術而吸收了其中來自希臘、巴比倫占星術的黃道十二宮、四元素學說（地、水、火、風），並與我國傳統的二十八宿、五行說、神煞系統並存而形成《七政四餘術》。此外，一些術數中的北斗星名，不用我國傳統的星名：天樞、天璿、天璣、天權、玉衡、開陽、搖光，而是使用來自印度梵文所譯的：貪狼、巨門、祿存、文曲，廉貞、武曲、破軍等，此明顯是受到唐代從印度傳入的曆法及占星術所影響。如星命術的《紫微斗數》及堪輿術的《撼龍經》等文獻中，其星皆用印度譯名。及至清初《時憲曆》，置潤之法則改用西法「定氣」。清代以後的術數，又作過不少的調整。

術數在古代社會及外國的影響

術數在古代社會中一直扮演着一個非常重要的角色，影響層面不單只是某一階層、某一職業、某一年齡的人，而是上自帝王，下至普通百姓，從出生到死亡，不論是生活上的小事如洗髮、出行等，大事如建房、入伙、出兵等，從個人、家族以至國家，從天文、氣象、地理到人事、軍事，從民俗、學術到宗教，都離不開術數的應用。如古代政府的中欽天監（司天監），除了負責天文、曆法、輿地之外，亦精通其他如星占、選擇、堪輿等術數，除在皇室人員及朝庭中應用外，也定期頒行日書、修定術數，使民間對於天文、日曆用事吉凶及使用其他術數時，有所依從。

在古代，我國的漢族術數，甚至影響遍及西夏、突厥、吐蕃、阿拉伯、印度、東南亞諸國、朝鮮、日本、越南等地，其中朝鮮、日本、越南等國，一至到了民國時期，仍然沿用着我國的多種術數。

術數研究

術數在我國古代社會雖然影響深遠，「是傳統中國理念中的一門科學，從傳統的陰陽、五行、九宮、八卦、河圖、洛書等觀念作大自然的研究。……傳統中國的天文學、數學、煉丹術等，要到上世紀中葉始受世界學者肯定。可是，術數還未受到應得的注意。術數在傳統中國科技史、思想史，文化史、社會史，甚至軍事史都有一定的影響。……更進一步了解術數，我們將更能了解中國歷史的全貌。」（何丙郁《術數、天文與醫學 中國科技史的新視野》，香港城市大學中國文化中心。）

可是術數至今一直不受正統學界所重視，加上術家藏秘自珍，又揚言天機不可洩漏，「（術數）乃吾國科學與哲學融貫而成一種學說，數千年來傳衍嬗變，或隱或現，全賴一二有心人為之繼續維繫，賴以不絕，其中確有學術上研究之價值，非徒癡人說夢，荒誕不經之謂也。其所以至今不能在科學中成立一種地位者，實有數困。蓋古代士大夫階級目醫卜星相為九流之學，多恥道之；而發明諸大師又故為惝恍迷離之辭，以待後人探索；間有一二賢者有所發明，亦秘莫如深，既恐洩天地之秘，複恐譏為旁門左道，始終不肯公開研究，成立一有系統說明之書籍，貽之後世。故居今日而欲研究此種學術，實一極困難之事。」（民國徐樂吾《子平真詮評註》，方重審序）

現存的術數古籍，除極少數是唐、宋、元的版本外，絕大多數是明、清兩代的版本。其內容也主要是明、清兩代流行的術數，唐宋以前的術數及其書籍，大部份均已失傳，只能從史料記載、出土文獻、敦煌遺書中稍窺一鱗半爪。

術數版本

坊間術數古籍版本，大多是晚清書坊之翻刻本及民國書賈之重排本，其中豕亥魚魯，或而任意增刪，往往文意全非，以至不能卒讀。現今不論是術數愛好者，還是民俗、史學、社會、文化、版本等學術研究者，要想得一常見術數書籍的善本、原版，已經非常困難，更遑論稿本、鈔本、孤本。在文獻不足及缺乏善本的情況下，要想對術數的源流、理法、及其影響，作全面深入的研究，幾不可能。

有見及此，本叢刊編校小組經多年努力及多方協助，在中國、韓國、日本等地區搜羅了一九四九年以前漢文為主的術數類善本、珍本、鈔本、孤本、稿本、批校本等千餘種，精選出其中最佳版本，以最新數碼技術清理、修復版面，更正明顯的錯訛，部份善本更以原色精印，務求更勝原本，以饗讀者。不過，限於編校小組的水平，版本選擇及考證、文字修正、提要內容等方面，恐有疏漏及舛誤之處，懇請方家不吝指正。

心一堂術數古籍珍本叢刊編校小組

二零零九年七月

孫公敏丞存書記念
時庚辰孟夏重裝于
大同坊寓廬

地理秘珍序

嘗考地理一道古有楊曾廖賴眾地仙固神明莫測後世起吳劉熊黃諸名士亦精妙難言余見世之講理氣者多未得真傳其覆塚究有驗有不驗余年方及冠即癖於山水常與二三知己朝夕聚談有時竟廢寢忘餐而不覺凡聞有精於羅盤者必先竭誠以拜復後備筵以聚談繼而不殫千里之遙涉險以往不惜多貲之費屈膝以拜求及至旋里試驗究竟有合有不合者何也猶未得真訣且迨後遇名師專精巒頭者隨其登山尋龍始知巒頭重理氣次之然理氣未得秘訣則不知立向不知立向則不能消砂納水以除煞所以古人云無絕山有絕向斯二者不可偏廢也余五十年來所閱論地理之書不少所遇講地理之人甚多且所覆發塚敗塚更不少

今一旦得此秘訣即以之試驗前所覆之發塚敗塚無不符合如覆至寶但嫌為決顛倒語句重複删繁集要即錄成本雖不敢比佛門之慈航渡衆亦可效善士之義舟救生倘傳之匪人或與匪人代卜吉壤定遭天譴可不秘而珍之哉是為序

旹

歲在上元甲子小陽月七十一老人錫九氏書

地理秘珍目錄

上卷

論水神斷白蟻

地契式

驅制每年三煞靈符

祝龍文

一字心法序

易以一而神兩而化一生二二生三三生萬物由一推萬放之則彌六合也自萬歸一卷之則退藏於密也夫一理者根本也萬殊者枝葉也不於一理求之而求之萬殊不亦難乎先聖本易理而造羅針包羅萬象分別方位陰從陰屬陽從陽屬惟兩而故化也陰不襍陽陽不襍陰惟一乃神也近世坊刻地理書襲前人之餘灰造為萬卷千經謬謂孤陰不生孤陽不長不知以其位之陰陽而言則純陽純陰似乎無生意也以其卦氣干支之陰陽言之則陰中有陽焉陽中有陰焉且不曰陰陽而必曰淨陰淨陽者欲其不相駁襍統歸於一也動曰陽靜曰陰一物一陰陽物物一陰陽山水動靜吉凶燎若指掌非有以難經乎陰陽即陰陽而指其本體不襍乎陰陽

而為言耳故名之曰一字心法

羅經

第一層天池即太極定子午正南北也列八卦羅經之根據也

第二層八曜八卦之鬼爻也

第三層黃泉八卦之墓煞也

第四層坐山九星地母卦也

第五層正針二十四山乃天地定位配合洛書先後天卦氣以定淨陰淨陽此堪輿之要盤

第六層七十二龍名穿山為地盤應七十二候

第七層中針二十四山賴公所作盈縮六十龍專用格龍

第八層六十花甲名透地龍為天盤應三百六十五日

第九層縫針二十四山論雙山五行

第十層百二十分金論旺相避孤虛龜甲空亡兼亡命納音不可尅泄

羅經層次甚多悉註布衣各針解僅列十層擇其緊要當用者言其義蘊翻閱針解自明矣故不贅載

無極圖

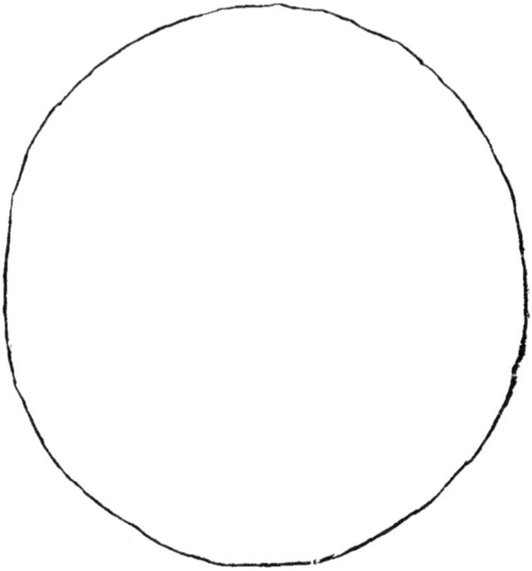

太極圖

六

河圖

南

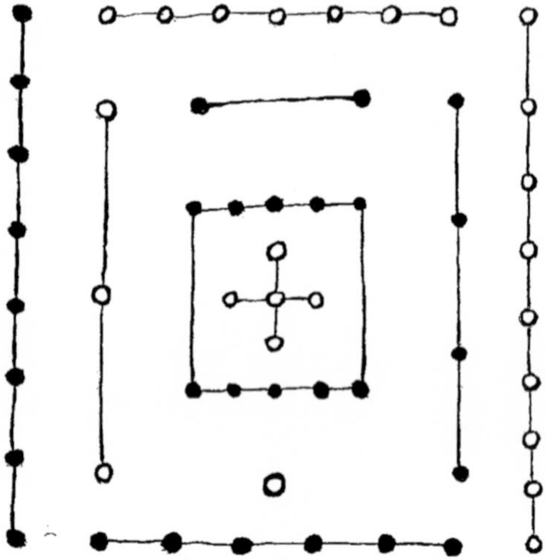

北

一六在北為水
二七在南為火
三八在東為木
四九在西為金
五十在中為土

先天八卦

盤針之用淨陰淨陽者最大其陰陽之位雖從後天而陰陽之原從先天故先天之理學盤者所必知也其圓盤次序乾純陽而為天故居南上坤純陰而為地故居北下離內陰外陽日與火之象也居東坎內陽外陰月與水之象也居西兌一陰加二陽之上陰不能下故聚而為澤東南者大澤也艮一陽加二陰之上陽不能上故峙而為山西北者山祖也震一陽奮於二陰之下雷象也雷起於春故震居東北巽一陰動於二陽之下風象也風急於秋故巽居西南雖然此一後人之解也若伏羲畫卦之初從一陰一陽疊成八卦之橫圖曲之即成圓圖也自然之天毫無人為者也

圖具於左

卦之初從一陰一陽疊成八卦之橫圖曲之即成圓圖焉自然之天毫無人為者也圖具於左

先天圖

伏羲八卦方位

洛書圖

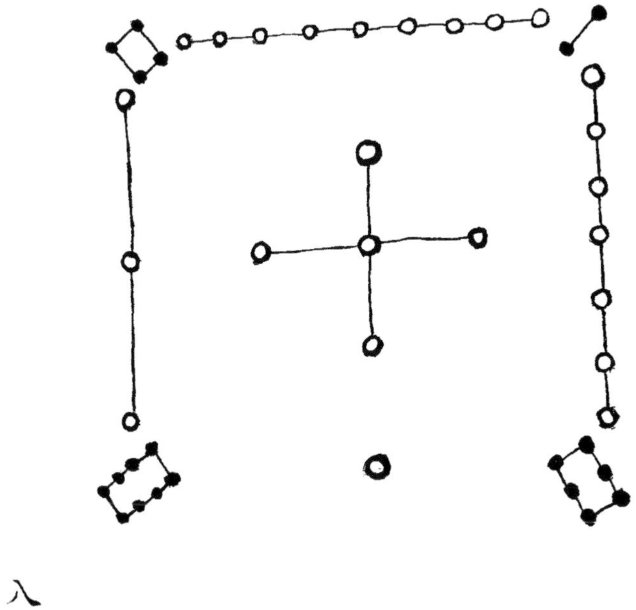

戴九履一
左三右七
二四為肩
六八為足

後天圖

文王八卦方位

後天八卦

文王易先天八卦之位為後天八卦即易傳帝出乎震之說也其義出陰陽中分五行順序陰陽中分者東北陽方則列之以乾坎艮震之陽卦西南陰方則列之以巽離坤兌之陰卦也五行順序者由震巽之木生離火離火生坤土坤土生乾兌金乾兌金生坎水水不能無土以生木故水潤艮土以生震巽之木也先天有卦象而無五行後天則陰陽五行俱備故經盤諸用俱從後天也

乾父☰艮坎震

坤母☷兌離巽

震長男☳

坎中男☵

艮少男☶

巽長女☴

離中女☲

兌少女☱

納甲圖

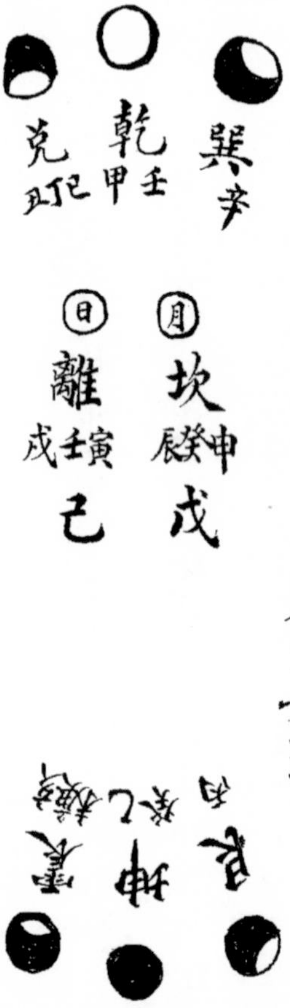

乾生三男坤生三女

納甲

長中少
震坎艮

乾納甲甲係乾後天女人

長中少
巽離兌

坤納乙乙係坤後天男人

艮納丙　未生

巽納辛　未生

震納庚　生男二女一

離納壬　生女二男一

兌納丁　生女二男一

坎納癸　生男二女一

坎有兩納戊癸在內

震兌兩親家

坎離兩親家

十

納甲配合

乾為老父生三男　　坤為老母生三女

震乾○初爻為長男　　巽坤○初爻為長女

坎乾　二爻為中男　　離坤　二爻為中女

艮乾　三爻為少男　　兌坤　三爻為少女

此先天對待之配合也乾生三男震坎艮又有可得而推者夫乾老男三九不交則納甲為後妻

乾之長男震納庚為妻生長男亥中男卯少女未合會而成木局乾之次男坎納癸為妻生長男申次男子少女辰合會而成水局坤之中女離納壬為夫生長女寅次

女午少男戌合會而成火局坤之少女兑納丁為夫生長女巳中女酉少男丑合會而成金局

艮納丙妻巽納辛夫故無生焉惟自其生者推之

震之長男生在亥　配兑之長女生在巳

震之中男生在卯　配兑之中女生在酉

震之少女生在未　配兑之少男生在丑

坎之長男生在申　配離之長女生在寅

坎之中男生在子　配離之中女生在午

坎之少女生在辰　配離之少男生在戌

正五行

正五行一名老五行亥壬子癸水寅甲卯乙巽木巳丙午丁火未坤丑艮辰戌土申庚酉辛乾金此生成之五行也行龍傳變之節候則以此論其生尅也

雙山五行

其位係天盤故論龍

雙山五行者一名地卦五行坤壬乙申子辰水乾甲丁亥卯未木艮丙辛寅午戌火巽庚癸巳酉丑金以五氣之生旺墓合為一行也其中無土者土附四時而行也老五行為五行之質双山五行乃五行之氣故推龍氣之生旺用雙山而不用老五行其位以干維從地支者論龍則取天氣天氣先至地氣後至故悉早半位也雙山五行之用專以入手之五行分左右旋以定八干之氣如乾亥入首左旋者為甲木龍

右旋者為乙木龍左旋為自墓起生從生逆行入墓其氣易衰其蔭不久右旋為自旺趨生從生逆行入旺其氣倉急其蔭攸久也又以其干論砂水則生旺之方砂宜高水宜來死絕之方砂宜低水宜去也吳公有天玉外傳四十八局此五行之法例也

論八曜煞

八曜者乃八卦之鬼爻也如乾卦初爻起子二爻起寅三爻起辰四爻起午午為火火尅金為鬼爻故乾以馬為八煞　歌曰坎龍坤兔震山猴巽雞乾馬兌蛇頭艮虎離猪為煞曜宅墓逢之立時休　又曰生入煞方斟疾病煞入生方斷死生死上煞來動財產煞臨退位損兒孫煞臨官位穿心害生入生方處處興惟有五黃正神

煞八方到處不留情

黃泉煞

庚丁坤上是黃泉乙丙須防巽水先甲癸向中憂見艮辛壬水路怕當乾

坐山九星

九星從地母卦坤卦對宮起貪狼而出其独取坤卦者坤為地也坤對宮是艮故艮為貪狼次巽為巨門次乾為祿存次離為文曲次震為廉貞次兑為武曲次坎為破軍至坤本卦為輔星也其干支之星則從所納之卦焉貪巨武為三吉艮（丙）巽（辛）兑（丁）三卦三卦又納丙辛丁三干共六位為六秀其原出元女海角經青囊明四卦海角重三吉

論干支陰陽本源

其陰陽出於先天八卦居四正者屬陽居四隅者屬陰如乾居南納甲坤居北納乙離居東納壬寅午戌坎居西納癸申子辰俱屬陽艮居西北納丙巽居西南納辛震居東北納庚亥卯未兌居東南納丁巳酉丑俱屬陰

二十四位天星

乾為天門元陽宮天厩陽機共寄居亥曰天皇紫薇帝壬名天輔陰權艮寓子寄陽光天壘位癸號陰光陽光儲天廚居丑牛金位天市陽樞列艮隅功曹天倍寅宮寄甲藏陰機天苑輔陽衡亷貞卯位立阿香天命亦全居乙曰天宮尊星位長曰元金天罡諸巽位太乙陽璇宿天屏赤蛇巳宮居太微天貴陰機丙天廣天廟

午位延楊樞尖精同在午丁居南極壽高未寄天常大常鬼全在中列與共名玄戈天鉞陰立坤申宮名為天官門天演天漢庚位立酉名少微陽圓輔辛號天乙陰璇宿戌在天魁鼓盆宮

論納甲五行

詳八干陰陽本于納甲關乎地理不小而用之之法何為也曰納甲之義一現乎太陰以為準也如每月二十八日至初三二陰之上☳一陽始生震之象也昏時在庚是以震納庚生亥卯未故外龍而庚水朝歸庚龍而外水朝歸亥未砂水同朝產人英畧非常大振家聲至初八一陰之上☱二陽以生兑之象也昏時在丁故兑納丁生巳酉丑故酉龍丁水朝歸震向庚水亦好丁龍兑水朝歸兑砂水亦好蓋丁旺壽高之象

至十五太陽全明☰是為純陽乾之象也昏時在甲是乾卦納甲故乾龍甲水朝歸必至饒富而貴登顯爵此半月以日入觀太陽也後半月又以日出驗太陰至十八太陰之光下缺一分☴巽之象也昏時在辛是巽納辛故巽山辛水朝辛山巽水朝必主文至翰苑老居福壽至二十二日太陰之光下缺二分☶艮之象也昏時在丙是以艮納丙故艮龍丙水丙龍艮水朝必多金帛而無凶禍至二十八太陰之光變而後晦☷坤之象也昏時在乙是以坤納乙故坤龍乙水朝乙龍坤水朝必田連阡陌威鎮邊疆至於離乾父之象而位南遂納乾之壬坎坤母之儀而位北遂納坤之癸故離壬坎癸交納為用不可易必富貴永盛也蓋離為中女坎為中男以本卦之龍立所納之象所納之龍立本卦之向即為子母之相顧也若本卦之龍向見納卦之砂水朝堂為子來顧母更所以納

局見本卦之水朝堂亦為母顧子子母相依豈有不鵬程萬里乎

專論正針

正針之位二十有四其義本乎後天八卦每卦管三山合之八三共得二十四分之則子卯午酉居坎離巽兑四正之位為藏卦乾坤艮巽居四維之地為四顯卦居四正者得金木水火之正氣而天干附之坎居正北而左右附之以壬癸離居正南而左右附之以丙丁震居正東而左右附之以甲乙兑居正西而左右附之以庚辛居四維者所以節宜五氣之過與不及而地支中之四庫及四生附焉是故乾居西北而左右附以戌亥坤居西南而左右附以未申巽居東南而左右附以辰巳艮居東北而左右附以丑寅偏正兼該顯藏互用經天緯地無所不貫堪輿用格龍定向立穴乘氣消砂納水建

宅安坟陰陽選擇作用最廣是以位雖有二十四其中排六甲佈八門推五運定六氣陰陽變化而不測五行顛倒而異用法不一例義不一同智者於此盤洞徹其微便於羅經無餘蘊矣

元針論

伏羲先天八卦以乾坤為中正文王後天八卦以坎離為中正是抽乾之中爻則成離卦之戀北即是先天之坤宮乃屬土而生金為針之母是子不離母也針之指南即先天之乾宮而為父是子不背父也天地用員象太極也中分一路以別左右象陰陽也針指南北而東西自定象四象也外列八卦驗帝星之流行也次列十二宮象十二月也次列二十四坐山象二十四氣也次列七十二分金象七十二候也

外列周天三百六十五度驗七政運行之次也自寅宮斗三度至夘心三度止皆屬陽水自夘心一度起至辰角十一度止皆屬陰水自巽軫十八度起至丙十八度止皆屬陽火自午張十一度起至未井二十度止皆屬陽火自申井八度起至酉畢一度止皆屬陽金自酉畢初度起至戌婁四度止皆屬陰金自亥壁一度起至子危七度止皆屬陰水自子危六度起至丑斗二十度止皆屬陽水辰宮十八度併戌宮十八度皆屬陽土丑宮十八度併未十八度皆屬陰土此河圖洛書之定数陰陽五星之定理欲善選擇之法者不可不知也若後天八卦十天干周天度数皆居其位而不専其氣試即當時大統曆推之即是此理如金木水火各自旺七十二日每季土旺十八日亦共七十二日此是聖王之制合天運自然之妙也

龍穴砂水一貫論

慨自乾坤定位陰陽攸分二五之精毓秀之灵下鍾河嶽上應天星龍佈雌雄穴扞父母砂為子女水屬血脉盤列兩道骨月一體龍穴砂水四字總不外於四龍天星之外支龍為陽物变化陽顯莫測起祖宗分節度干支萬派嫡度二道其轉換過峽情性詭譎体態不常亦如龍之形狀然其行度貴乎不失祖宗真情血脈相應祖孫相類合造化之至妙得陰陽之不雜即行千里此祖此孫方為上格如武曲出祖轉入巨門入路復作武曲出面巨門起祖由武曲而轉貪狼出而貪狼起祖先由巨門或入武曲復作貪狼出而三吉起祖震庚行龍而復作三吉中一吉出面震庚起祖三吉入路而復作廉貞出面者之類是也至於亥雖不合天星又不合四龍但帝座

臨亥而巳三吉起祖正亥遠長真正無偏亦為上格坎離壬癸不合四龍又不合天星但左貪狼右有帝座一白九紫正照左八白右六白或離壬起祖入路行龍而後離壬坎癸出面者亦主富貴龍吉如此此穴亦宜然夫穴用四龍之真銓裁五星之妙理且以千百里之來龍其形緩慢其脉沉細其形情偽其脈飄散裁八尺之穴以乘天地之生氣以和造化之真精其事亦難且深夾然必有其法焉故當觀龍畫氣鍾氣鍾則受穴法用蓋粘倚撞四大穴法為綱以九九六六為用明支龍之辨別應藥之方羅經格之審其玄處觀其流泉相其緩急論其天星經處便認是穴當蓋者蓋當粘者粘當撞者撞當倚者倚更須識某天星龍法起祖其天星行度某天星出面入首扦某天星向者斯為中執大都天星正局立向之法以丙為上丁次之

艮又次之震辛兑又次之巳亥又次之陽局有壬癸則又其次惟其收拾得宜方為允富穴既云吉砂可知矣夫砂者所以佈置局法相從龍行者也前朝曰砂後從曰樂左右曰應穴前砂水以方位局結論穴後樂應不拘位方總以龍為區別龍貴則砂貴龍賤則砂賤所謂勞坎戰乾役坤之道也是大抵天地形勢北高而南下其局只是一格然砂要帝座高亥華蓋藏壬癸坎紅旗隔水震帝星遠出丁尊星端嚴丙金鑾高昂艮兑文華特立巽三火高昂丙午丁華表雙立丙貴人遠揖辛天祿在艮天馬在乾午天旗御書在巽天節天輦在坤黃道在丙兵將在庚紫府在艮明堂在巳並立宜高聳四神之山艮坤宜近乾巽宜遠停驛之砂艮丙立高甲壬宜秀若合此格名為真正天星然其大局人以坐山為主推其卦局相其日月合否並宜

陰陽不雜者吉三者均吉何悉於水夫龍非水不止氣非水不聚其法大抵以龍為吉也經云真龍不吐惡水好水不向凶龍水有三入九曲之論但審來去合龍而已法以羅經格之若龍前朝龍水自巽丙丁三陽而來流震入艮位是名金魚正格主大富貴巽丙丁來流入兌庚再入亥者亦為上格庚酉來流入震艮或震艮流入庚兌辛或亥入丁入兌得龍脈合度者亦貴至於陽局僅有坎癸離壬四山堪用故坎用午水離用壬水為上用辰戌坎之丑未來去並凶切不可犯水更以正來朝者為上傍來朝者次之當面直出者次之蓋以之亥水為特奇故貪狼名金銀帶水武曲名金帶水巨門名金魚水廉貞名財宝水文曲名武鳶水破軍名兵將水天星全虧形勢縱合有若無實若虛天星有一合度龍神有一合經皆可救矣天星纔到

便可救人蓋此言也凡此皆造化之源根本之正也吾道以一貫之故作一貫論

禍福根據總論

太極之理一動一靜互為循環動靜之機禍兮福兮交相倚仗地有二十四山龍有二十四向砂水禍福均根天星說卦經傳正理驗斷並非虛談謹詳義於後學者宜細玩可也

二十四字會局破局註解 以來水去水破局會局占驗

壬水破局　主離鄉黃腫墮胎蓋壬納於離離者去落之義也上應張星為非橫為遠客故有離鄉之應且名文曲水水流忘返遂有黃腫墮胎之驗

壬水會局　主驟發富貴壬性最急又臨發動之時故一往而不可遏其勢使然也

子水破局　主腫脹落水自縊血崩痔漏大腳雙生六胎唇缺耳聾心驚墮胎淫盜蓋坎水破局水積人身而為黃疸為痰痢為腫脹為膿血故有腫病之應蓋坎癸為血卦上應女宿主產厄為耳痛故時有病多憂沖熏亦有喪心癲癇之症為盜行姦故多淫盜坎癸為男上應女宿故有雙生之應上應危宿有虛梁星虛梁之上有墳墓星虛梁之中有哭泣星有應是非星主是非星在虛梁哭泣之間故有縊

亡之應哭泣臨水位故有水厄之應坎木屬水生一成六在人為腎立骨腊則骨之顯於用者一應於腊而数成於六故有六指之驗癸水在人亦為腎女子之経名壬癸水其方若有墩埠似胎故有墮胎之應此坎癸破局之合天星易卦而參者最宜細玩

子水會局　主武貴陽局見之主旺人丁軍賊發越不讀詩書亦為官盖納於癸申子辰合水局故也

癸水破局　與子宮同断

癸水會局　主人財大旺富貴可期亦以申子辰會水局故也

丑水破局　主隨母改嫁亡姻宗少亾毒藥因女禍兄弟屠戮為僧道牛馬瘟疫盖癸與丑隣其水多雜癸納於坤坤是母又納於坎坎是子上應女宿主隨母嫁丑有

金殺是少亾絕嗣之水以母與子臨嫁娶之位而金殺同行所以有隨母改嫁亾宗之應又上有豔辰星主陰謀菓食以菓食為陰謀金殺俱不正之氣而與癸水混雜故有毒藥之害其害因女起亦因上應女宿也至於兄弟相攻則以丑土癸水水土長生在申故為兄弟水土故尅不相容又有金煞是以有屠戮之慘丑坐金牛度故主牛馬瘟疫丑為墓地貴人不臨故出僧道

丑水會局　詩云丑地丁上起秀峰詩書黃卷位三公低平山水人財旺富貴榮華代代隆主玄白牛或角朝天斷尾角血財興旺盖丑納於丁而會於巳酉丑又會六秀坐金牛度也但發至吃齋人出即歇絕

艮水破局　主跛盲官災勞病少亡名壓身斃盖艮鄰丑寅丑若同流則犯金煞

曜故主痼疾若䙬寅流則犯煞曜故主跛足盲目官非至曰石壓身死則以艮乃土之剛也曰少亡則以艮為少男也

艮水會局　詩云陽樞如筆則三台三台齊秀催官嵬與國為姻食天祿一峰獨秀黃甲魁陽樞有小入明堂粟陳貫朽珠稱光蓋三台乃諸峯之最貴者而列於艮艮為天祿又為帝星所臨之左為箕尾乃后妃之位右為牛女二星一為母后一為女子皆與帝相近又女宿主嫁娶事故與國為婚食享天祿必然之應也且牛斗之樞為文職為科名一峰独秀鍬冲牛斗不惟食祿聯姻更主黃甲魁第艮為天祿水名質庫又納丙為妻均為天市垣財貨之司並主陳粟貫朽之應

寅水破局　主虎傷手足瘋病聾啞凶狠癡愚火災蓋寅甲屬木而寅為火星之

地箕星臨之箕星好風木盛風生而東又木之鄉木於人身屬肝木盛火熾而水不足以制之故來去破局定出瘋疾目盲之應且寅甲非六秀之位於物為木於時為春木至春而彩麗二方若有尖秀之砂名曰畫筆則又主於工巧於丹青之人而木又好風其巧於丹青者必多癲狂歌舞而不好靜至曰虎傷乃以寅屬虎斷曰火災乃因寅甲生旺朝堂主少年登高科以木司文章故也其曰驟發盡火之性烈故有是斷

甲水會局　主出聰明俊秀兒孫步金階掇高第峰若尖聳独出定占第一蓋甲納於乾乾為天門甲乃天門中第一又居天干之首故有魁元之應破局者與寅同斷

卯水破局　主掐淫奔龍勢剥入坤度主刑戮之災水與亥同流主雷驚又居四正犯賊盜蓋震為沐浴水又為桃花水再見龍輕砂碎則力有不勝故淫奔不免震為

坤之煞曜剎換入坤則震浮出其凶主刑戮震木為雷未為金煞未與震三合震未同流則殺助雷威故有雷驚之應水來則氣逆故家豪水去則氣洩故家敗來去故自有別而實金煞究多少亾而解頤

卯水會局　主驟發富貴橫財云人長大英雄文武双全蓋震為財建水又為雷雷本迟速故水朝有驟發之應其曰橫財以子午邜酉指軍賊故斷其非正路之財曰長大英雄蓋雷性本威而又納庚庚屬天橫均屬威武為國掌兵權及武庫之師以為除殘乱之職故有長大英雄之應曰文武双全震庚峰起應主云武更得亥巽二龍坐穴則又應云文臣而掌重兵權且得体尊局秀則貴極品有云將入相之尊書曰庚為金街震龍見庚山齊雲步天衢格合金街英武貴此之謂也

乙水破局　主庶子螟蛉繼贅蓋乙為栽接之木也非本根所生故有是應

乙水會局　主庶出抱養子絕產發越謂之陰陽相見且坤壬乙合成後天貴格故有是應

辰水破局　主橫死夭折伶仃孤寡貧窮缺唇喑啞癆病惡死投河自縊蓋戌辰為天羅地網二水破局主有凶惡妖橫粉骨碎尸之禍辰戌居四金之方祿馬不臨吉星不照故有痼疾伶仃孤寡之慘兑為口舌辰有金煞辰於人為唇辰自有煞非外至之煞兑龍見辰水定有缺唇露齒之應兑為金金虛則鳴辰為土金見辰土則窒而無聲金於人為肺聲從肺出則語言不全故有喑啞之人含糊之子且乙辰二宮為軫水角木二星所佔辱又為水龍之庫若乙辰有水流入或有道路蹈破崩橫碎陷並主投河自縊之災

辰水會局　主發巨富貴蓋居庫地若流於乾乾為天門辰原屬龍為龍躍天門且申子辰會成水局故主富貴双全人財大旺

巽水破局　主淫乱風聲癆病少亡官灾墮胎詩曰巽水兼朝入陽局那堪太乙堆尖峰深閨有女顏如玉墮胎玷辱客春風

巽水會局　巽乃御街水巽位有馬山兼有水朝名馬上御街主貴近帝王廖氏云馬蹄踏破御街水秀才換得狀元來巽上應太乙貴人所照辛上應天乙星所照一為民物之福扶貧拔賤以冀上帝專以荐賢為職此方若缺陷不起决不貴人之力尚有尖峰秀拔必有貴人提携主亩寅緣於傳勢之家而取貴巽庚為天帝司馬文章典籍之地主出文章冠世之士居四垣星辰之地又名催官生氣太

微所臨清而不襍巽上娥媚山見女色傾城主男為駙馬女作宮后又名文筆峰主
出神童登科甲賴公云天乙太乙文筆起秀入雲霄出狀元經云巽龍見辛峰揷
天格合至殿傳書科甲立至蓋以辛山能催發巽龍之秀氣也
巳水破局　主癆病少亾淫乱墮胎聾啞蓋以巳丙為陰金陽局見之多淫慾巳
兼屬女堆峯有似胎形巽艮同流故有閨女墮胎之應賴公云巽宮叅至曰聾
啞蓋金屬人肺流入戌鄉則金臨火位金必受炙金制則不鳴肺閉則無聲故
有聾啞之應曰癆病亦為金被火尅所致也
巳水會局　主大富貴賴公云赤蛇遶印如圓平腰懸印綬財縱橫巳丙為貨財之
司馬兼名財寶水故主如此

丙水破局　主癆疾癱疾跛足火災淫慾目盲賴公云砂碎似鵝頭女子受風流盖水入巽鄉峯應巽穴巽為女故有淫慾之應曰癆病火臨絶地曰火災乃離交流一為陽火一為陰火火以助火遇寅午戌會局主火灾曰目盲以丙為太陽之火火盛則水竭且丙屬陽火流入癸地則火被水尅故目盲丙納於艮居洛書六足之方六足又在洛書之右故癱跛應在右脚

丙水會局　主壽高中魁富而且貴盖丙納於艮貪狼水也人得之為仁壽丙丁又為南極老人星所出沒是五福受命之司故有長壽之應丙丁庚位若有方山謂敖文星主無凶事丙為財貨之司主富丙丁有双峯峙格合筆立當前主貴艮為天市垣見太微峯起格合太微臨御科甲立至

午水破局　主瞽目火災離鄉軍賊淫乱蓋離居南方火位也高峯独聳而無亥水以制之主有回祿之災若艮與寅戌水合局其火立發乙辰砂會午戌局亦然且離為日月當空麗照之地萬物至離為向明如人之兩目明烛事物離位若有星印遮掩則兩目無光萬物昭昭冥矣故有目盲之應況天獄所照主遭囚禁遠配為軍其淫乱之義卯宮註明可叅

午水會局　主驟發魁元軍戰顯耀蓋離龍坎水坎離交媾既濟之象也離為君故近君為交媾故易發然交媾之極發易傾午居三陽之地秀峰特起壬龍得之午方中魁元乾龍得午峯水合馬上金街主大貴其軍發越必坎龍結穴南離高聳一峰方驗壬居坎宅離納壬也

丁水破局　主墮胎損婦女盖入水鄉水火未濟且品配非人倫所致

丁水會局　丁為小赦文又為壽星賴公丙丁之水名赦文水無禍繞家門又曰南極照丁兑若丁峰高起格合南極星耀主發魁元之貴

未水破局　主痨瘵暗疾賊盗風声自縊拜佛念經妖魅鬼怪盖未坐鬼金羊度丑坐牛金牛度均為不正之氣冲破陽局故主不祥之應餘與丑戌同斷辰宮可叅

未水會局　主牲畜血財人丁大旺盖未屬羊故主血財大旺未為墓地所旺人丁故無發越與亥卯會木局方能出貴

坤水破局　主寡婦少亡淫乱僧尼坤乃老陰不交故有寡母之應掀裙砂戲花砂見乃淫慾之象故有婦女淫乱之應峰起盂鉢兩砂與未同流故有寡母私

於僧道及出僧尼之應賴公云玄戈流得入塚宅高堂紅粉悲無窮掀裙戲花砂拱立婦女不潔招淫風若有圓峰盂鉢樣更出尼姑與和尚

坤水會局　賴公云玄風卓拔旌旗樣定出將軍女為將盖坤位原有鉞星丐孫星坤又納乙乙位有折威星將軍星易更繫坤為衆為柄象者師也柄者秉特之意有統衆操之象旌旗將帥且卓拔此位故主大將軍其曰女為將者坤為老母坤乙高起主女奪夫權故曰女為將坤峯高換如正圭三甲之中應及第若端正低小不过補廪秀若乱峯倚敲亦只出近街從軍之職

申水破局　主外死少亡忤逆鰥寡橫事落水盖申乃震之煞曜震納於庚故申庚並流混雜為殺曜為重金刑戮紛紛陰陽外犇皆不能免且申為天河水子為大

海水辰為天池水亥為天潢水申龍見亥水入堂而又成申子辰水局定主水漂之患否者必出蕩敗子祖宗廢而漂流無踪也

申水會局　主富貴双全盖申中有寅為申之馬故水朝局鎖者人財日盛也天鉞屬坤而坤土生申金再會坤壬乙申子辰局則水生金故富貴之應

庚水破局　主瘟病人命殺戮殘疾疤背盖乾納甲木乾屬金庚以屬金乾居洛書戴九之位猶人之首金既尅木則首不正而独首背相連故有偏疤之應且金入木局金流火地五行駁制更主時灾殺戮殘疾之慘大抵金多鋒鋭犯其難當術者宜細削撥

庚水會局　主勇略財禄盖庚上應天官星參日卯星震上應騎宫將軍星主邊

寨禦難顯名且震納於庚陰龍相見故多榮華威武忠信明決遠近欽信職掌边疆生殺之權餘註卯宮可參

酉水破局　與庚同断

酉水會局　主驟發富貴文武全才蓋兑屬金兵器也司職兵将權勢正威武上值天陰星主天子陰謀有礪石星主磨礪鋒辨故有文武全才之應

辛水破局　主少亾之嗣継贅蓋巽納辛無生故也故以是断艮納丙未生其断同

辛水會局　主聰明登科甲開庫進産書云辛水朝來進金宝亦主玲瓏女子是也且辛上應胃宿為倉庫為商賈故有進宝之應辛納於巽為長女故有女子之應至若聰明玲瓏因水朝砂秀見於巽龍名曰催官餘與巽宮參看

戌水破局　主忤逆不義少亾孤寡癆瘵惡死癲狂患脚火災音啞盲聾瘋破蓋戌為土乾為金金虛則鳴金寔無声因有戌土金之在人為肺臓竅通而声（音）响肺竅閉故有音啞之應乾之在人為首耳目所屬戌為金殺傷其耳目故盲聾瘋跛五官不全之應且乾納於甲亦主瘋盲此又戌乾双行之應餘註辰丑未三宮可參

戌水會局　主旺人財更得寅午同流又有甲上峯水並秀必是科占第一蓋寅戌會火局而又逢甲水則木火同明故有是應

乾水破局　主目盲忤逆鰥寡痼疾絕嗣橫逆蓋乾為老陽亢極無声之義且名天鰥水主肅殺故有絕嗣之應賴公云陽機未去跛能履鰥寡繼贅人無踪蓋乾納甲木被金尅木位在東乃震長居洛數八足之方故主瘋跛老陽不交（故）無生育鰥寡

繼贅之驗

乾水會局　乾為天柱乃貴人之峯其峰並秀格合貴人叅天之柱主極貴賴公云機入雲霄生輔宰世登雲路重機峯此之謂也

亥水破局　主吐血癆病蓋乾為金亥為木長生之位木始生而遇金則折木之在人為肝肝為藏血之海金尅則枯而廢木故有是應留心斯道者每遇乾亥同流可不慎歟

亥水會局　主發大貴濟世鼎盛蓋亥名財祿水又司紫微垣天皇主之乃四垣之至尊故較二十三宮發福尤甚

二十四龍向配水斷法

亥龍

亥臨西北紫微北極之位天星六白主之陽数耦其質水其音羽其將登明其宿星室壁二十四山之尊納配於震在天乃天皇主之直而且小每挺然而立頓然而起不論平陽高山而無餘氣者是正亥也挨壬三分即是一宮一宮盡處而亥自與衆不同乃震庚之長子卯未之兄尊居帝位替父行道得北方之水將動未動之性龍勢必真正到頭如乳如珠腦真圓凈從西而來則轉亥龍入首即断富貴綿遠若從東卯艮方而來得南方巽巳丙水先貴後富若從壬子癸而來陽水相襍眼前富貴後必敗絕更或到頭迴抱轉西庚酉砂水則是母來顧子生我者為貴必先貴後富庚辛砂水

先文後武正合金居兌位烏府名高之格也
亥龍正落前有巽巳丙丁卯未峰水拱穴即立亥山巳向上吉偏右有巽巳丙庚酉辛峰
水繞穴即立丑山未向亦吉亥龍过峽處腰重一乳兩砂環抱前有庚酉辛峰水即立卯山酉向
亥龍砂水破局　寅甲瘋疾瘟火　乙乏嗣　長忤逆自縊　午火灾目疾賊淫　坤申
寡母隔食
亥龍砂水會局　巽峯双起兄弟聯芳狀元之筆　巳大旺人財　丙赦文星大富貴　丁
長壽催官星府縣首名　未進田牛旺人丁　庚酉出武貴職列烏府　卯同庚酉斷
辛文貴顯揚　丑旺六畜　艮出巨富
壬子癸 三宮同論

壬爲陽干水之剛也得天一之陽居正北之位一白主治之宮納配之離在天乃陽權所
照其性最急乃水之發動有一往而不可遏之勢
子係坎卦坎水象月陰之象也內陽而外陰水質代坤母而居正北一白主治之宮神佑
司權之府納配於癸在天乃陽光星所照其性靜而且貪故象月頭得水之聚處
癸爲陽干水之柔也得地六之陽居正北之位在天乃陽光星所照其性泥而且涸水之
將消藉坎中爲事不得水之正氣總論龍勢直峻湧到頭如獅頭虎腦者得陰格最喜
陽受龍身上行斷難爲陽出人遊蕩子孫六子双生之人並墮胎僧道之類壬宮有
離子宮有坎配癸爲妻午水來朝主大富貴水長來入丁有白蟻屎丁水入未白蟻
飛子癸龍無午水即是死龍

壬子癸三龍正落前有坤申午水乙辰水峰拱穴毫無陰砂水駁襍　即立子山午向上吉

右落前有戌乾坤申午峯水繞穴即立寅山申向上吉　腰落兩砂四抱有戌乾壬子癸坤申諸般峯水繞穴即立辰山戌向上吉

壬子癸三龍會局　寅甲催官小試首名　乙辰旺人財　午驟發　坤申寡母發越出人廩生秀才　戌乾旺人財

壬子癸三龍破局　丙宮火軟骨淫乱少亾瞎眼　巳癆病少亡　巽宮灾癆病少亾淫乱　丁墮胎心痛勾鼻　未自縊　庚酉瘟火少亾淫乱　辛丢嗣　卯軍賊

丑位北羽林騎官法天地六神分治之左司一白右八白扶佐之位单行四墓黄泉為甲庚貴人納配於丁在天坐金牛宿度辰為天市垣中有帝座八白主治之位為二十

四山之至尊位依東北頓天任之星納配於丙在天乃陽樞星所照性歛而且動得坎未涸故
賴土而承之不能独立故賤多惹神坛僧道之兆艮性歛而震動故謂之山萬物賴艮土丙成之所
以特主聰明貴顯之人丑兼艮三分即是一宮丑乃兌丁之幼子巳酉之弟性屬北方之潤土意
欲助艮為山難成大任艮乃乾坤之幼子配丙為妻原性屬土不求自貴總得丑土隨身賊
莫能助貴必須有丙丁巳亥砂水之助方有大富貴之兆

丑艮龍勢總論宜方正完固裀褥寬厚到頭正要尖枕偏宜横枕多苦横来直受挂腮吊
角艮多出聰明貴巧之人丑多出僧道内官之類二龍正落前有丁未巽巳庚酉辛
峯水遶穴即立丑山未向吉上　左落前有巽巳丙丁未夘諸峰水遶穴即立亥山巳向
吉上　右落前有庚酉辛峯及亥峰水遶穴即立卯山酉向吉上

丑艮二龍砂水會局　丁出人長壽發魁小試府首　丙赦文星即有禍亦脫　巳旺人財　巽文魁聰明少年科甲　庚酉辛驟發多武貴　辛文貴　亥旺人財
丑艮二龍砂水破局　坤寡母官坤火淫尤頼　申落水麻痘　午賊淫火災目疾　乙少亾丞嗣　辰忤逆　寅申瘟疾瘋　病聾啞虎咬　戌忤逆自縊　乾官災鰥夫　子賊淫　癸墮胎

寅甲龍

寅位乃東北三陽發生天任主治之所八白照臨之位功曹司權之府納干配離在天乃天棓星所照其性雖鋭得木之將發未發之氣其力不大帶艮不可甲為陽干木之剛也得天三陽顯正東方之位納甲配乾在天為太陰星所照其性剛而且

動得水出土之氣有似干剛故兼艮地必須申水以助之

寅龍形勢宜聳直到頭有節者為真無節者薑芽笋殼而已節正者即龍正節偏者即龍偏裁寅並甲申兼寅三分即是三宮不可取盡處尚正穴宜挨龍唇不可平腮棄節寅離壬之長子午戌之兄甲乃乾之少妻有壬子癸水亦主驟發

寅甲二龍正落前有坤申戌乾午諸般峯水遶穴即立寅申向吉上　左落前有乙辰午坤申峯水拱穴即立子午向吉次　右落前有壬子癸戌乾申峰水繞穴即立辰戌向

寅甲二龍砂水破局　庚瘟病人命　酉賊淫　辛乏嗣　亥癆病　未忤逆自縊

丁産難　丙癆病少亡　巳蛇咬血崩　巽宮灾尤頼少亡　卯賊淫

寅甲二龍砂水會局　坤申寡母發越秀才補廪　癸驟發主梔門收契　戌乾旺人財

卯龍

卯乃震卦二陰在上一陽在下為始交之卦秉化育之權位居正東星隸天冲納配於庚在天乃陽衡星所照其性堅而且正得木之盛氣故挺然独立於東方與衆不同所以必要有亥水亥峰並巽巳丙砂水方貴丑夘內藏震庚之中子第庚朝乃子母主母再見亥水自然出貴若是巽風兌水不入懷為官十有九不歸龍勢宜直而有莭為真龍身上行到帶乙主蛉螟之子帶甲出跏跛之兒

卯龍正落前有庚辛亥未丁峯水拱穴即立卯酉吉上 左落前有巳丙丁未庚酉峯水拱穴即立丑未吉上 腰落前有巽巳丙丁未峯水即立亥巳吉上

卯龍砂水破局 戌乾忤逆自縊官火尤頼驟寡淫乱 坤寡婦官火落水少亾淫

三十一

乱 申瘟疾 壬黄腫離鄉 子賊淫落水 癸墮胎乏嗣 午賊淫少亡
卯龍砂水合局 庚午貴驟發 酉羊賊發越驟發 辛少年文貴 亥旺人財
巽巳丙財貴 丁未財壽

乙辰龍

乙為陽干木之柔也得地八之陰居正東之位星隸亥戈納配於坤在天乃天官星所照其性曲而且枯得木之老氣無生旺故寄在卯宮

辰位東方天罡照臨之地北帝太煞之司星蘋瑤光納卦配坎在天乃天罡星主之其性柔而不剛得土之初氣故不能特達

乙辰總論

乙配坤為妻辰乃申之弟坎癸之幼子必得坤土壬子癸水方發龍勢到頭宜橫宜直乙不與辰土並行辰土必從乙木而旺乙乃坤之夫性同助卯所以喜壬子癸水可斷富貴若午水乾水枯漸為客上土脫木性不免殘害而陽從陽屬亦吉

乙辰二龍正落前有戌乾壬子癸坤申峰水遶穴即立申寅上吉　右落前有壬子癸寅甲戌乾峯水遶穴即立子午次吉

乙辰砂水破局　辛壬嗣癆病少亡　酉賊淫　庚瘟火少亡　丁墮胎　未忤逆自縊　亥癆病喑啞少亡　巽巳丙瘟火少亡

乙辰砂水合局　坤申秀才補廩　午大旺人財　戌大發乾魁元　壬子癸旺人驟發多生双生

巽巳丙龍

巽為長女二陽居上一陰居下長春变化致代用之權陰卦耦數水質羽音其宿巽軫其位南天輔主治納干配辛在天陽璇星所照太乙五部尚書之下照巽地其性至大而盛得木之成林故從其用而多貴必須得丑艮亥砂水来朝方發巳乃太陰傍照之地中有尚書五帝明堂四六之宫星韻陽闓納卦於兑数耦陰金火質徵音其宿軫翼將星太乙在天乃天屏星所照其性柔而且善得火性生成之氣未遂大發揚故寄在巽宫不能大用必須庚酉辛砂水来朝則發丙為陽干火之剛也得天七之陽居南九紫照臨之所納配艮宫在天乃陰樞星所照為南極太微吉功之室坐三台常陳老人貪狼諸星其性燥而且動得火之旺氣故居依午配艮為夫大生艮土

為助夫之意多出聰明貴顯之人

巽巳丙龍勢宜高聳長直巽乾坤之長女配辛為天脫長土而為有用之才木能生火故居南方之首巳乃兌丁之長女酉丑之兄脫金火之燄故居火之首丙乃艮之妻原近午故屬火龍身行斷出人清秀長鬚冉富貴帶長出仙客

巽巳丙三龍正落前有庚酉辛丑艮亥峰水遠穴毫無陽雜即立巳山亥向吉上　左落前有庚酉辛丁未峰水遠穴即立卯酉吉上

巽巳丙砂水破局　乾官灾尤賴痨病少亾目疾淫乱　戌忤逆自縊　壬黄腫膨脹

子賊淫落水　癸墮胎乏嗣　坤申寡母落水官灾尤賴痳痘　午賊淫火灾

寅甲瘟灾瘋疾

巽巳丙三龍砂水合局　辛神童科甲　酉驟發財貴　庚武貴　亥大旺人財　丁長壽魁元　未旺人財六畜　丑艮旺人財進田牛發巨富出秀人

午龍

離為日陽象代乾父而居南內陰外陽其卦陽数奇火貟徵音其宿張星天英將勝光九紫主治納干配壬在天為陽權星主之其性至高而動得火之正氣故居南方之中操火之權

午龍勢宜踴躍高聳峭壁巍峩龍身上行斷多軍匠戶籍得真正者大為王畿小為州郡出王侯國戚冢宰之權是也

午龍正落前有壬子癸戌乾寅甲峯水拱穴即立午山子向吉　左落前有戌乾坤申壬

子癸峯水遶穴即立辰戌右落前有寅甲乙辰子癸峯水拱穴即立申寅吉

午龍砂水破局　艮癆病少亡　丑損田牛忤逆　亥吐血　庚瘟癀　酉賊淫　辛乏嗣　卯賊橫死

午龍砂水合局　壬子驟發　癸旺人財　寅甲魁元　乙辰旺人財

丁未龍

丁為陰干火之柔也得地二之陰居正南之位其氣陰其數耦其質火其音商其宿鬼柳九紫照臨納卦配兌在天則南極星主之其性長而柔得火之善性故寄於午宮不被泄於未未本有助丁之理所以富貴而壽娶兌為妻生巳酉丑三子必須庚酉辛亥未朝始能房房發福

未龍其次居南天常主治之所其數耦其氣陰其質土其音宮其宿鬼井其將小吉納卦配

震君星主之其性柔而且弱得土之初氣未能自成故寄在坤宮而作用不能自任大用若兼丁火一宮行事則可未為震庚之幼女亥卯之弟妹必得亥水方發富貴

丁未龍宜尖橫平厚丁乃兑之夫性屬火有似於土故近於未依未而旺龍身行斷肥壯出人多壽富貴長久又出僧道有坟壙古跡之處

丁未二龍正落前有卯亥丑艮峰水拱穴即立未丑吉 腰落前有庚酉辛亥峯水拱穴即立卯酉亥己吉上

丁未砂水破局 癸墮胎乏嗣 子賊淫落水 壬癀痞好賭離鄉 戌忤逆自縊 乾人命宫火尤頼淫乱 寅甲痳痘瘟火瘋灾聾啞 乙辰乏嗣冷退乞丐

丁未砂水合局 丑艮旺田牛人丁巨富發秀 辛少年魁第 酉大發奇富 庚武貴

亥大旺人財　卯驟發武貴

坤申龍

坤乃陰柔亢絶無為其卦陰其數奇其質土其宿井其位西南二黑主治之方納干配乙在天則天越星主之其性方而厚得土之正氣能有長養之權故居西方金女首但配乙木為少夫多有滅祀必得壬子癸來助方美

申龍位居西南星為器府二黑照臨之宮其氣陽其數奇其質金其音羽其宿嘴參其將傳送納卦配坎在天則天官星主之其性藏而確得金之新氣未剛故寄在坤宮為事多偏乃坎癸之長子子長之兄弟必得寅申水朝方發

坤申二龍勢宜尖勇高厚坤乃老陰不生配乙為少夫其性屬土土能生金故屬西北金

之首申得土金之初故近於坤龍身上行斷招郎入贅出人跛瞎聾啞

坤申二龍正落前有寅甲乙壬子癸峯水拱穴即立申寅上吉　左落前有壬癸戌乾寅甲峯水拱穴即立午子上吉　右落前有乙辰甲午峯水遠穴即立戌辰吉

坤申砂水破局　艮痨病少亾宫灾　丑損田牛忤逆自縊　亥痨病少亡　辛乏嗣　酉賊淫　庚瘟病　郊賊淫刎頭　巽巳丙冷退乞丐淫乱少亡痨病

坤申砂水合局　乙辰大發富貴　乙多抱子養發達　寅甲少年科第　壬子驟發大財人財兩旺　戌乾大旺人財

庚酉辛龍

庚為陽干金之剛也得天九之陽居正西之位其氣陽其數耦其質金其音角其宿昴畢

納卦配震在天乃天黃星主之其性頑而堅得之頑氣未能作用故寄兑宮必須卯巽震艮砂水助之

兑二陽在下一陰在上為始交卦秉化成權西掖少微垣為士大夫權衡天帝文章之府天柱七赤在天則陽闓星主之其性精而且鳴得金之成氣有金之權故居双金之中必須艮砂水助之

辛為陽干金之柔也得地四之陽居正西之位其性陰其數耦其質金其音羽其宿昴胃納卦配巽在天則陰旋星主之其性柔而秀陽金藉以陰木須得巽宮砂水以助之方發

庚酉辛龍勢宜尖銳連珠貫串而来者為真如左迴附者金氣不真庚乃震之妻生亥卯三子未脫土之金故曰頑金酉宮有丁火相助故曰有用金辛乃金之將寔有近於土內藏

於巽龍身行斷所以不同也

庚酉辛三龍正落前有卯丑艮巽巳丙峯水拱穴即立卯酉吉上 右落前有巽巳丙丁卯峰水拱穴即立未丑吉次

庚酉辛砂水破局 寅甲瘋疾火災聾啞虎咬瘟麻 乙主乏嗣抱養少亡 辰忤逆冷退乞丐 癸墮胎損妻 子軍賊淫乱落水 壬好賭離鄉癀腫 午軍賊淫乱 戌忤逆 乾癆病官火尤賴

庚酉辛砂水合局 卯驟發得大財先文後武 丑旺人丁進田牛 艮巨富大貴巽己丙大旺人財並清貴 亥旺人才 丁高壽 未旺人丁

戌乾龍

戌位西北河魁主治之司北帝黑煞之方其氣陽其數奇其質土其音羽其宿婁金納卦配離在天魁星主之其質軟而卑得土之殘氣無權助而立乃離壬之幼子寅午之弟必須得午水來朝方發

乾為老陽亢極無為居西北有用之地六白主治之宮天心司化納干配甲在天乃機星照之其性剛而堅得金鏗之炁有金之權故居西北之首娶甲為少妻必須坤申水朝方發

戌乾龍勢直躍到頭腦尖平圓是金星乃獨乾也到頭腦橫是土星乃獨戌也戌原廢金之氣有似於土故助乾而立乃離壬之幼子寅午之弟多喜午水相助乾乃甲之夫多喜甲乙水助之

戌乾二龍正落前有乙辰寅申峯午水拱穴即立戌辰向上吉 左落前有壬癸寅甲乙辰峰

水拱穴即立申寅卦上右落前有午乙辰坤峯水拱穴即立子午款

戌乾砂水破局　巽癆病官灾少亡尤頼跛足偷人懷胎淫乱　巳蛇咬癆病少亡

丙目疾火灾跏足淫乱少亡　丑損田牛忤逆自縊　艮癆病少亡　卯軍賊横死淫乱

丁墮胎　未忤逆自縊

戌乾砂水合局　寅申魁元之貴　乙抱養發越　辰大旺人財性多惡　午旺人

財　壬子發人驟發

水法定論

翻閱行家諸書水法數十種大半用長生顧名思義不知何據云然尔天地理言根本

自尚書大易以奇耦分陰陽辨男女以男女定配偶一氣相生生生不已龍穴砂水無非

胥月一家子不離母之義理固然也胡為時師獨以長生云乎哉夫長生自從何來
父母何人沐浴何地冠帶何來死歿何時墓葬何山絶復胎養然既死不能復生何
能胎養即曰絶處逢生而曰正庫不合則文庫文庫不合則武庫武庫不合則借
庫二三遷就展移其説何山不可以立向何地不可以安坟奇耦不辨陰陽不分男
女混雜乱错舊章寡人之妻孤人之子破人之家敗人之節絶人之嗣息傷人也性
命長生之害可勝言哉水清原以先後天為要非無據空談寔本圖書納甲之正理
然紫易奪硃而世人之迷惑於長生者宜猛省自悔

論二十四向吉凶水法

乾山巽向 父女相配

此局難做乾居父巽長女若巽方有水來去謂之父女相配定主乱倫痨病少亡官灾尤賴立此向務要甲方有水來朝或甲峯起謂之妻來會夫又名催官主子孫魁元之貴午方有水來去謂之馬上金街貴多納粟或多武貴但出人好訟若無此水决不可向

吉水　甲 大吉 作卯發　寅　辰 大旺 人財　乙 得絕嗣 產發財　午 得軍財 發財

訣曰寅甲峯水富貴家午水來去錦添花乙辰峰水並子發人丁大旺寔堪誇

凶水　巽 淫乱官灾 尤賴瞎眼　巳 蛇傷少亡 痨病　丙 跛足瞎眼 少亡尤賴　丁 心痛 墮胎　未 忤逆 自縊　卯 賊　艮 官非 少亡　丑 牛馬 多灾　庚 瘟 瘟　酉 賊 淫　辛 少亡 乏人

訣曰巽丙同流禍且淫瘟火乞丐少人丁閨中美女顏於玉風前月下早迎賓

巽山乾向

此向定主淫乱少亡官灾尤賴癆病巽為乾之長女乾是巽之老父若有乾水来去謂之父来淫女猶如禽獸應有是禍立此向要無乾成水要取辛峯水謂之夫来會妻可以催官驟發但不久耳

吉水 辛少年及第 庚酉驟發 亥大旺人丁 丑艮大旺人財六畜

凶水 乾少亡官灾癆病尤賴瘟癀 戌忤逆自縊 癸墮胎難產 坤申寡母少亡落水官非

訣曰 辛峯高聳插天涯 夫婦相見都不差 先產文貴後生武 少年魁第享榮華

訣曰 巽山乾水去来凶 父女相配不可從 黃腫瘟火离児鄉 管教人家沒祖宗

壬山丙向 叔嫂相配

此向多主敗絕壬是离之夫丙是艮之妻雖是一陰一陽乃別人夫婦理有是福立

此向要無巽巳丙水来去有午水謂之妻来會夫催官主驟發軍財富貴

吉水 坤申 寡母起家 秀才補廩 乙辰 大旺人財 寅甲 官貴

訣曰 午水来去是催官早發富貴却不凡坤申一到文章顯聯科及第有何難

凶水 巽 官灾尤賴癆病少亡賊盜淫乱 巳 癆病少亡蛇傷淫乱 丙 跛足軟背淫乱火灾 丁 墮胎少亡乏嗣 未 自縊忤逆 庚 瘟疫火灾 酉 淫乱

辛 乏嗣少亡 邜 淫賊

訣曰 巽丙同流寔可哀少亡發火及官灾婦人至於千人枕飄淫多慾不成材

丙山壬向

此向十家絕九家黃腫落水好奢華少亡做賊离鄉苦婦女淫乱弄自家丙是艮妻

壬是离夫却為兄妹何可相合此向要艮水來去則可否則切不可用

訣曰 巳丙行龍喜丑何酉辛高揷富貴家亥水分明增才秀其家頻見享榮華

吉水 丑艮 大旺人財 亥 大旺人財

凶水 癸子壬 黃腫落水离鄉少亡淫賊 戌乾 忤逆官灾自縊瘟瘽 寅甲 瘟火

訣曰 壬子癸水是黃泉欲保不絕十分難那怕求神並妙藥三年五載沒丁男

癸山丁向 舅女配姑夫

此向多主敗絕墮胎損婦女官灾尤賴發火少亡癆病婦淫足臁瘡何也癸乃坎之妻丁乃兌之夫虽一陰一陽別人夫婦縱生育應有足禍若立此向要無巽巳丙丁來之水取坤申午水來去則可

吉訣 癸山為主午為尊坤申廩貢播声名巳上貴人辰財福其家尽可卜金門

凶水 丁 墮胎足臃瘡 未 自縊損婆媳 巽丙 官灾火溫無恥伯叔兄弟同妻房

丁山癸向

丁乃兄夫癸乃坎妻虽一男一女非自己正配即生子难養故敗絶人丁

吉水 庚酉辛 驟發富貴 亥 大旺人財 丑艮 大旺牛田

訣曰 丑艮朝来旺田牛庚酉流動貴不休亥水滔滔主驟發人財兩旺壓州稠

凶水 壬子癸 黃腫瘟痨賊淫落水少亡难產 戌乾 自縊官灾發火少亡尤賴离鄉 寅甲 瘟火 乙辰 乏嗣少亡

訣曰 壬子黃腫落水瘟好賭做賊离鄉村少亡尤縊常常有定断其家少福人

艮山坤向

子女相配

此向多主敗絕寡女淫乱生離火災艮是坤之少子坤是艮之老母若立此向要無坤甲水有丙水來去則吉丙乃艮妻艮見丙夫謂之夫妻相合可以催官主富貴

吉訣　巽丙歸之貴清高兒孫世代產英豪未丁峯上高聳起蜚声魁第永不消

凶水　坤甲　寡女落水生離　瘟火冷退亡丙　午　盜賊少亡　亡目疾

坤山艮向

此向亡名主敗絕何也坤為老母艮為少男若有艮水來去謂之子淫母天理滅亡若立宅安坟主子孫敗絕家中禍事乱如麻官災尤頼少亡忤逆此向要無艮峯水來去有乙峯水來為夫妻相配又曰催官驟發若無乙水切不可用

吉水　寅甲　主魁元　乙大吉　壬子癸　富貴　戌　旺人丁　乾大吉

訣曰　坤山不宜對艮頭斷定其家損田牛忤逆自縊少年死時師寧可細推求

甲山庚向婁媳相配

此向亦不易做甲是乾之少妻庚是震之妻若庚方有水來去謂之婁媳相配大不詳姻親帶病家中喪欠債尤賴自縊傷女子懷胎暗成房浪蕩花子沿門唱扯雞夜啼婦主張此向要無庚方砂水來去有乾方砂水來去謂之夫來會妻又曰催官大發若無乾水則不可向

吉水　乾大吉　戌大大旺人財　坤寡女起家文貴秀麋　申主　壬子癸大旺人財

訣曰　坤甲未去位三公多峯水福無窮催官若得高山起金鑾殿上逞英雄

凶水　庚貧窮少亡　酉賊淫少亡　辛乏嗣乱疾癆病　亥少亡癆病　未忤逆自縊　丁少亡肚痛足臁瘡　巽巳丙俱少亡癆瘋淫乱

訣曰　庚方走入女懷胎辛酉水射定多乖百般廉耻都不顧男盜女娼換錢來

庚山甲向　妯娌相配

庚是震之妻甲乃乾之少妻此妯娌也二女相投孤陰則不生必主敗絕此向要無甲水宜取震卯謂之夫來會妻謂之催官驟發富貴

吉訣　卯峯卯水鎮邊疆龍真穴的無不當丑艮田牛多發積父子妻兒兩恓惶

此向出水邊書誤將此句寫

乙山辛向　祖孫相配

此向主乏嗣螟蛉發達以乙乃坤之後夫辛乃巽之夫若是辛水乾謂之二男相合乃是孤陽生從何來所以必主少亡乏嗣抱養子發積　立此向要無辛水宜取坤水謂妻之會夫名曰催官主秀才發達人財兩旺

吉水　申大旺人財　戌亦旺人財　乾主大貴　午大吉

立訣　坤申來去富貴家壬子癸水實堪誇乾峯若得高聳起子孫世代享華榮

凶水　辛癃瘵之嗣少亡損婦人　酉賊盜　庚癆病欠債　亥癆病少亡聾啞人　丑艮癆病官灾損六畜　丁瞽目胎絕　丙瘟火　巳蛇傷

訣曰　乙山辛向損兒郎之嗣抱養尅妻綱駝腰駝背心痛苦腫眼流淚滿頭瘡

辛山乙向

辛乃巽之夫乙是坤之後夫皆是男子二男相合謂之孤陽必無生育故少亡之嗣抱養此向要無乙辰水若巽水來去峯高大乃妻來會夫可以催官多清貴

吉水　卯驟發　巽巳丙大旺人財　丑艮大發人財

訣曰　辛山夫兮巽山妻夫妻相見不孤恓斷定其家清富貴兒孫世代步雲梯

凶水乙辰丢嗣忤逆冷退乞丐寅甲瘟火瘋疾聾啞壬子癸黃瘴落水少亡賊滛午眼疾賊滛少亡

訣曰辛山黃泉在乙辰丢嗣冷退損兒孫寅甲同流招瘟火靣流巽丙出公卿

卯山酉向見壬子癸落水

震納庚為妻生中男卯配兌之中女酉是生成夫妻主發文武全才威鎮边疆勇冠三軍

吉訣庚酉秀揮多膺揚兌産文筆甚高強丁亥滔滔人福壽天子靣前任攸長

凶訣坤申寡女瘟少亡戌乾相連無頭傷壬子癸方多跃壽充軍边外不还鄉

酉山卯向

兌納丁為夫生中女酉配震之中男卯為夫此天地人倫之正配主文武双全富貴不替出人猛勇有胆略

吉訣　卯峯卯水冠三軍丑艮縈抱富不輕巽丙洋洋峯高起文武双全拜帝君

凶水　甲主瘟氣　乙辰冷退乏窮重則戰場　寅瘋

亥山巳向

亥是震之長男巳是兑之長女配合夫妻主富貴綿遠人財日盛脉真局合貴蓋朝廷出人俊秀聰明福壽攸久翰墨長流此為二十四向之最貴局也

吉水　巽巳丙三元峯水富貴敵国　丁未旺人財多牛馬　卯驟發富貴多武　庚酉辛峯文武並發

訣曰　巽丙洋洋合天機男綾女秦宰相家壽星高聳魁元第卯庚对峙文武誇

凶水　乙辰自縊麻瘋眼疾冷退乞丐　午目疾火災賊盜　坤申寡女隔食賊盜　寅甲瘟火瘋病

訣曰　乙辰來去女怪胎坤申一破寔可哀若还流破乙辰位寅申瘋疾多火災

巳山亥向

巳是兌之長女亥是震之長男天地正配生成匹耦主大旺人財

訣曰 酉辛未去富貴翁定是其家賽石崇丑艮流來歸亥位兒孫世代逞英雄

凶水 戌乾 忤逆自縊癆病尤賴人命少亡 寅甲 瘟火瘋疾 壬子癸 黃腫落水立鄉賊淫少亡產难 坤申 寡女官灾

訣曰 戌乾後斬尤賴至瘟火年年不离門壬子癸水多招賊其家必定乏人丁

未山丑向

丑是兌之少男未是震之少女少配少年天地生成定主人財大旺富貴双全

吉訣 丑艮未去發人財夘水朝門出武台亥多人勢添喜色合家清貴科甲排

凶水 寅甲 瘟火瘋疾 乙辰 乏嗣少亡忤逆冷退乞丐 壬子癸 黃腫好賭賊淫落水 戌乾 官非自縊人命尤賴少亡

訣曰　寅甲來去聾啞瘟乙辰同到禍滿門戌乾自縊尤賴有壬子癸至之人丁

丑山未向

丑是兑之少男配震之少女未為妻此乃天地正配主富貴綿長人財兩旺

吉水　巽丙丁魁元　庚酉辛文武双全　卯未大旺人財

訣曰　巽丙洋洋發魁元庚酉辛水播名揚武職文官代代有男配淑女亦非凡

凶訣　坤申來去多落水孀婦招贅壞家門午火定主招軍賊乙辰忤逆損人丁

午山子向

午乃離之次女配坎之次男為夫此亦天地正配此向要子水來朝主人丁蕃衍驟發富貴乾峯水來朝又高大定主先文後武是最貴之地也

吉水 子（將軍賊 發財） 癸（大旺人財） 戌（大旺人丁） 乾（貴） 壬（富）

曰訣 夫妻配合兩相宜乾峯高聳拜丹墀寅甲壬子合座下世代親受帝王衣

凶水 亥（吐血癆病少亡） 艮丑（損亦多癆病少亡官灾） 辛（乏嗣少亡） 酉（少亡淫賊） 庚（瘟瘟賊） 卯（少生） 巽（官灾尤賴少亡疾病）

曰訣 午山子向艮莫逢後代兒孫少老翁癆病官灾牛馬損合家男女手搥胸

子山午向

此向大旺人財福澤綿綿子是坎之中男配離之中女午為妻天地生成合有吉利

吉訣 乙辰滔滔旺人財坤申旋繞好秀才馬星峯水配合座文武双全耀金堦

凶水 巽（癆病官灾尤賴淫賊） 巳（少亡癆病） 丙（火灾癆病） 丁（墮胎） 未（自縊） 庚（瘟火賊） 酉（淫亂） 辛（乏嗣少亡） 卯（賊亡）

曰訣 巽巳丙水女不才丁未射到定多乖若还流来庚酉水娼盗瘟火並墮胎

寅山申向

此向主發富貴人財大旺子孫蕃衍不替寅是離之長女申是坎之長男夫妻相合應有是福

吉水　坤申 寡女起家 秀才補廩　午 驟發　乙辰 大旺人財

吉訣　祿馬相催富豪家坤申及苐補廩佳乙辰方上添錦秀人財濟濟名堪誇

凶水　庚 瘟火人命　酉 賊淫少亡　辛 乏嗣少亡　丁 墮胎　未 忤逆自縊　丙 火災　巳 官災少亡癆病　巽 癆淫　卯 賊少亡

凶訣　庚酉走入鴆乱鳴人命官災自上門賊盗黃腫並入獄婦女娼淫哭家貧

申山寅向

此向大旺富貴世代不替申是坎之長男寅是離之長女乃天地正配故有此福

吉水　壬子癸 旺富貴　寅甲 占魁元　乙辰 旺人財

吉訣　寅甲滔滔同座下富貴榮華若賓家金榜題名期第一壬子峯水錦添花

凶訣　申山寅向君莫逢主退田牛不旺農官灾發火人丁死年年月月手搥胸

戌山辰向

此向大旺人財戌是離之少男長乃坎之少女生成佳偶理有足福

吉水　午富貴　寅甲蜚声魁第　申富貴双全　坤乙寡女起家抱養發越

吉訣　天馬來去上金階寅申滔滔產英才若得甲午峯高起蜚声魁第定不猜

凶水　巽痨病官灾尤賴淫乱　己痨病少亡　丙火灾瞎眼　卯賊亡　丑敗田牛　艮痨病官灾少亡　丁堕胎　未自縊　庚瘟瘴自刎　酉損丁賊淫

凶訣　丑艮洋洋敗田牛巽丙來去淫不羞殀壽乏嗣人自縊斷定其家禍不休

辰山戌向

此向亦旺人財富而且貴辰是坎之少女戌乃離之幼男亦正配也若得乾方峯高大為龍躍天門格定主魁元

吉水 壬子癸大旺富貴

吉訣 乾峯乾水出魁元壬子癸水同般貴坤申聰明人多秀金鑾殿上任盤桓

凶水 亥吐血癆病辛少亡庚主賊酉少亡淫乱丁產難未自縊

凶訣 辛峰亥水不掩遮其家禍事乱如麻瘟淫乏嗣並賊乱產病自縊少榮華

陰陽二十四山向斷水蟻定訣

亥山巳向

亥山黃泉在午方兼壬犯了蟻難當陽水陰脉若混雜棺斷骨碎総要防

亥龍入首立乾巽兼戌亥二十二年蟻満棺二十四年棺木尽爛骨骸不全盖此陰陽雜乱葬至三年後棺木断壞卯水来離蟻在東方巽巳丙水蟻在丑艮離壬丙兼己亥龍脉真砂水合則無水蟻不然蟻窠在午方

壬山丙向

壬山黃泉在丙丁比山来犯蟻不輕水蟻定侵棺木損陰陽襍染福来臨

壬龍入首離壬丙兼亥巳三分己丙水主蟻食脚棺木一尺棺木爛断十六年後必

見蟻滿棺十二年蟻在南方十一年蟻在艮辛方若兼子三分脉健無砂襍則棺生紫色藤五年纏頭八年纏腰十二年纏滿棺尽代肉紅色大發中房若脉微弱外風来蟻在丁方蟻窠在未方

子山午向

子山黄泉巽丙丁此水流来蟻即生若問蟻窠在何處總在納配方上尋

子龍入首立子午兼癸丁三分主脚首冲在頭上或頸首冲在脚跟若壬丙水冲則首不爛但蟻在丑艮方单子無兼則首成泥土青苔庚酉水蟻食卯方丁水蟻食酉方丙水蟻食辛方

癸山丁向

癸山黃泉丙丁方此坟必定水蟻藏巽巳水來辛多蟻酉方棺爛骨碎傷

癸龍入首立丑未兼癸丁三分五年內蟻生翻尸骨若龍健丁方無水破即無水蟻若破則水蟻多堆積立癸丁兼子午三分有丁未水朝蟻在酉方丙水則棺爛碎辛酉方水主蟻窠聚丙巳方

丑山未向

丑山黃泉怕坤申水若流來棺木傾棺木尸骨皆爛碎若不折葬是禍根

丑龍入首立癸丁向主尸骨爛有坤申水主二十四年內無水蟻後必有水蟻滿棺立丑未艮坤脉健倘宜坤艮寅申水至則棺木左墻倒衣爛辰方水蟻生戌方坤方水蟻生辰方

艮山坤向

艮山黃泉午水來此坟溲角有蟻突坤申二水泛蕩至滿棺白蟻要籮抬
艮龍入首在丑未兼艮坤若無坤申午水來有巽丙庚水棺木永久若兼寅甲有白
藤纏棺若午方有水山又缺戌方有蚁窠寅角爛坯坤山缺戌乾方有蚁辰水來冲蚁在申方

寅山申向

寅山黃泉在庚丁水若流來白蟻侵若要扦穴斷蟻路卯酉方上細搜尋
寅龍入首立甲庚兼寅申無庚丁水至龍健立無水蚁龍衰有水蚁如辛丁水至或砂缺受風蚁
生丁癸方巽丙兼丁亥蚁生未方卯方骨黑濫犯了　虛棺木傾倒尸骨毀爛

甲山庚向

甲子黃泉庚酉方龍氣微弱蟻难當若还年久不扦蟻尸骨俱損大不祥

甲龍入首立卯酉兼乙辛三分庚酉水朝十二年內棺木無損二十四年後巽丙方蚁窠成堆骨化成灰樹根老鼠入棺若立寅山申向龍健無陰水雜有白紫藤纏棺主發長房

卯山酉向

卯山黃泉怕坤申此方有水蟻即生立乙兼卯辛水至頭壞棺木尽倒傾

卯龍入首立甲庚兼卯酉三分龍衰棺頭有蚁若空缺則棺尸俱散乱立乙辛兼卯酉辛水至頭脚棺木俱倒

乙山辛向

乙山黃泉丁方凶此方水未定相攻若是無兼骸骨爛庚方流來棺木通

乙龍入首立乙辛兼辰戌無砂水朝堂龍健脉強吉但坤方棺变白色

辰山戌向

辰山黄泉卯水冲巽辛丁方蟻無窮若是庚酉辛水至白蚁樹根滿棺中

辰龍入首立辰戌兼乙辛三分有子癸坤申水来朝主尸骨齊整左右角有紫籐纏棺若兼巽亥水來壬巽角有

巽山乾向

巽山黄泉在戌為壬子癸水蟻食之辛戌午水棺木坯申方及子鼠蟻逷

巽龍入首单立巽乾則棺木骸骨破碎若兼巳亥卯水来則棺尸無損若有戌乾水壬子癸水則蟻滿棺十二年後棺尸散坯若兼辰戌與辛戌水平来蟻在甲方龍弱棺内有黒泥子水朝則棺破骨爛内有老鼠窠

巳山亥向

巳山黃泉襆戌乾白蟻坤方骨頭連若是壬水流来破樹根穿骨老鼠眠

巳龍入首単立巳亥向有丑艮辛水朝無子癸戌乾朝雜尸棺無損若巽得乾水蚁在坤角頭足壞棺爛兼丙壬子癸則樹根穿進老鼠眠搬骨堆在甲方

丙山壬向

丙山黃泉壬子方棺木破碎総宜防寅甲狐狸搬尸骨午水流来蚁戌藏

丙龍入首立丙山壬向壬子癸水来主棺木有水十八年後棺木穿心破碎兼巳有寅甲水主狐狸投骨不見兼午龍微弱有蟻在戌角若不犯陽水有艮辛亥庚水龍脉强健缺午方棺木餘無損

午山子向

午山若有壬子來定斷必無鼠耗災兼丙見亥丑艮水蟻在庚辛方上栽

午龍入首立午子向兼丙壬三分無陰水雜五十年後僅艮方棺濫五寸餘無損若亥水沖來蟻在丑角丑艮方水沖來則蟻在辛有夘水沖來蚁在亥角壬子癸水沖來脚頭有紫色籐纏棺木上但來角有缺不全耳

丁山癸向

丁龍入首立丁癸向有癸水沖來則脚坯棺傾若此方無水有辛丑夘艮亥水至尸棺齊整兼午同上論兼未有寅甲乾壬子癸水沖則戌角有蟻窠辰方有蛇伏無此水則此坟乾淨

丁山黃泉子癸方此水流來棺倒墻壬甲寅乾等水至蟻在戌亥巳辰藏

未山丑向

未山黃泉水在寅此水蟻在戌乾生戌乾若至蟻長上子水老鼠骸骨傾

未龍入首立未丑向有丑艮亥水無陽水褋則紫籐纏棺兼丁與上同兼坤有申

水至蟻在乾方戌乾水冲蟻在辰方癸未水冲鼠水滿棺棺內有泥土成堆

坤山艮向

坤山黃泉丑艮冲頭脚骨尸爛盡空兼申陽水從乾至紫籐纏棺二尺中

坤龍入首立坤山艮向有丑艮水來則頭脚尸骨成灰卯水至亥角有樹根入棺

穿骨兼未同上兼申有子癸乙辰水至寅方有紫色籐纏棺一尺二寸即水不犯亦吉

申山寅向

申山亥卯未黃泉此水流來蟻結連巳丑夘水蟻辛丙壬子癸水紫藤纏

申龍入首立申山寅向兼坤有壬子癸水來辰出口龍健氣足十二年後主有紫紅帶白色籐纏棺若穙亥水蚁在卯方己夘丑水蚁在丙辛方兼庚無陰水亦吉但卯角有損棺五寸帶黑色

庚山甲向

庚山黃泉甲水流棺尸俱斷子孫愁寅甲樹根棺木有乙辰蟻在申方晉

庚龍入首立庚甲向有甲方砂水冲射主棺木橫斷兼申有甲水冲僅脚坯爛成

庚兼酉無陽水龍強脈旺棺木無損若有寅甲水主樹根入棺乙辰主蚁在甲

角若巽丙水朝無陽水襍棺頭乾坤腳有蛇作伴

酉山卯向

酉山黃泉是乙辰蚁滿棺中骨色青寅甲同辰子癸至蚁在申方不差分

酉龍入首立酉卯向有寅甲乙辰水冲無陰方砂水来　三六九年有水無蚁二十年後水蟻滿棺蕪主事同上蕪辛無陽水雜卯酉有樹根入棺若有壬子癸水辰方有蟻

辛山乙向

辛山黃泉乙辰冲棺中有水樹根通蕪戌寅申水並至人主蟻堆在戌宮

辛龍入首立辛山乙向有乙辰水坤樹根入棺散乱蕪酉丁艮巽水無陽水襍有白紅色藤纏棺蕪戌有寅甲水蟻在戌方有乙辰水蟻在申方無此等水龍健脉强則無此事

戌山辰向

戌山黃泉卯水凶蟻在亥方定無窮未方有窠成堆現辛向丑艮方上空
戌龍入首辛龍平未戌辰向有陰水襍無陽水合亦主棺頭辛角有蟻兼辛有陰水
沖蟻在巽方兼乾有卯水蟻在亥方未方有窠若兼辛有丑艮方水龍强脉健主艮
方有紫藤纏棺餘則成灰蓋蟻多食旺方但必看此之方受風氣脉微弱方應如陽
龍入首立陽山向有犯亥水則亥方受風氣弱蚁即生亥方卯方弱蚁在卯方未方
弱蟻在未方總之又食生旺墓位

乾山巽向

乾山黃泉巽水凶此水流來蟻食空若还襍了艮丙位彼此交食在其中

乾龍入首立乾巽兼亥巳三分邳角有蟻塋後五年蚁食棺一尺二寸東角庚方有

蟻窠脉健無水脉弱水蟻俱至若雜丑艮蟻在巳有雜丙在艮方巽水在辛方總之

陽水破局皆生紅嘴蚁陰方破局皆生黑嘴蟻八干四維之向皆生飛蟻無不應驗

六十龍落脉定結地吉凶

子宮 甲子 丙子 戊子 庚子 壬子

甲戌壬三陽龍落脉入寅戌坎三宮戌要甲乙峯水來朝寅要坤午峰水來朝坎要午峯水來朝此三龍得此應位正結大地多主速發富貴雙全坐本宮多先文後武主驟發丙庚二陰龍落脉多入丑亥之宮亥要震丙峯水丑要庚丁辛峯水多是正結大地文武雙全必主顯官富堪敵國壽比彭祖癸宮中分過峽為龟甲空亡入首逢此氣結地主敗絕此龍多賤主跛脚

丑宮 乙丑 丁丑 己丑 辛丑 癸丑

乙巳癸三陽龍落脉主入坎寅二宮要坤午二峯或是水定是正結大地多主顯宦水朝小亦主寡女巨富貴不逢死絕無碍丁辛二陰龍落脉主入丑卯二宮俱要庚丁辛峰水應位非是正龍之地多出文武將相發橫財不逢死絕無碍艮宮中分過峽為龜甲空亡入首犯之主敗絕

寅宮　丙寅　戊寅　庚寅　壬寅　甲寅

甲戌壬三陽龍落脉多入辰宮俱要坤壬乾峯水乃是正結多主速發富貴大則公侯小則科甲丙庚二陰龍落脉多入丑卯二宮卯要庚峰水要丙峯水應位方是正結主速發文武双全甲宮中分過峽為龜甲空亡犯此為死絕縱好亦多敗絕

卯宮　丁卯　己卯　辛卯　癸卯　乙卯

丁辛二陰龍落脉必入巳卯二宮俱要丁庚辛峯水應位必是正結多發文武將相封侯怕逢死地

乙巳癸三陽龍落脉多入辰宮俱要乾坤峯水應位方是正結多橫死富貴武將顯官怕逢死地

乙宮中分過峽為龟甲空亡入首犯此為死絕此龍帶辰宮 戊辰 庚辰 壬辰 甲辰 丙辰

甲戌壬三陽龍落脉必入辰午二宮俱要乾坤壬峯水應位多速發富貴文武双全武將多主及第

丙庚二陰龍落脉多入巳卯二宮俱要艮庚峯水應位乃正結大地多巨富又多

武貴不逢死地無碍

巽宮中分過峽為龜甲空亡入首犯此為死結多淫

巳宮　己巳　辛巳　癸巳　乙巳　丁巳

乙己癸三陽龍落脉多入辰午二宮辰要乾坤峯水應位午要壬乾峯水應位必是正結多速發富貴出將相

丁辛二陰龍落脉多入卯巳二宮俱要辛酉峯水應位必是正結多主科甲文武全才怕逢死地

丙宮中分過峽為龜甲空亡入首犯此為死絕

午宮　庚午　壬午　甲午　丙午　戊午

甲戌壬三陽龍落脉多入辰寅二宮俱要乾甲壬峯水應位乃是正結大貴之地坐本宮必主宰相朝班多横發

丙庚二陰龍落脉多入巳未酉三宮俱要艮寅峯水應位乃是正結之地主發富貴怕逢死地

丁宮中分過峽爲龟甲空亡入首犯此死絶龍縱入首逢生亦多敗絶必不悠久

未宮　辛未　癸未　乙未　丁未　己未

丁辛二陰龍落脉多入巳未二宮俱要巽辛峯水應位乃是正結主發富貴双全怕逢死地

丁宮中分過峽爲龟甲空亡入首犯此爲死絶龍縱入首逢生亦敗絶必主怪誕

申宮　壬申　甲申　丙申　戊申　庚申

甲戌壬三陽龍落脉多入甲戌二宮俱要甲壬峯水來朝乃是正結主速發富貴兄弟聯芳

丙庚二陰龍落脉必入未酉亥三宮俱有兩巽卯峯水應位乃是正結必主富貴双全將相及第此龍多出英勇之人怕逢死絶地

庚宮中分過峽為龟甲空亡入首逢此為死絶地

酉宮 癸酉 乙酉 丁酉 己酉 辛酉

乙巳癸三陽龍落脉主入申戌二宮俱要乙癸峯水應位乃是正結多主速發不久

丁辛二陰龍落脉必入酉亥二宮俱要巽丁峯水來朝登正結多文臣富貴悠久怕逢死地

辛宮中分過峽為龟甲空亡入首逢此為死絶地

戌宮 甲戌 丙戌 戊戌 庚戌 壬戌

甲戌壬三陽龍落脉必入戌坎二宮俱要坤午峯水来朝必是正結坐本宮多主速發富貴多出武士不逢死地敗絶無碍

丙庚二陰龍落脉多入亥宮要丙庚峯水應位主富貴双全怕逢死地乾宮中分過峽為龟甲空亡入首犯此為敗絶不結之地也

亥宮 乙亥 丁亥 己亥 辛亥 癸亥

丁辛二陰龍落脉主入亥丑二宮亥要巽峯水来朝丑要丁峯水来朝坐本宮主富貴双全兄弟聯科與國為親

乙巳癸三陽龍落脉主入戌坎二宮俱要乙坤峯水来朝乃是正結主先發後敗多寡女此龍若帶亥癸必是賤龍

四

壬宮中分過峽為亀甲空亡入首犯此為死絕不結之地

　此論六十龍圖富貴貧賤生旺敗絕死地

前賢考驗萬不差一其十二亀甲空亡死絕切不可葬造者必主敗絕凡此龍過峽落脉用此秘訣必知貴賤生死敗絕老祖少祖俱用同此

凡行龍帶敗絕之脉切不可尋穴但四維八干逢此催官雖龍真穴的亦只主先發後敗六十龍中是陽龍立陰向陰龍立陽向坐度分金為雜氣入棺不發行龍駁襍龍運行到處必有敗陰陽二龍同推

總看行龍過峽陰陽俱宜清到入首處逢某龍當作某向某峰某水應位必是大富貴之地此訣無疑也

定老祖少祖六十龍中係某龍落脉前去正結必入某局某峰某水應位必是正結其餘支分傍結砂水應位亦主小富貴

八干四維會破局吉凶定断

乾山巽向合破

乾為父巽為女父女同床主淫乱之訛乾納於甲主魁元之貴乾屬金午屬馬名曰馬上金堦辰為龍乾為天名曰龍躍天門寅申坤乙陽從陽受均主驟發富貴

壬山丙向破會

壬為離夫丙為艮妻陰陽錯配主淫乱少亡軟骨黃疽坤壬乙申子辰會局亦見午水有合離納壬催官之義主驟發富貴

癸山丁向破會

癸為坎妻丁乃兑夫夫妻异配主淫乱墮胎坤申辰寅午乙合局大旺人財富貴

艮山坤向破會

艮為少男坤為老母子母倒乱主官灾寡母落水少亡艮納丙格合太微臨御並巳酉丑合局震庚亥未巽辛丁峯水聳朝不但魁元之貴且主文武双全

甲山庚向破會

甲為乾妻庚為震婦陰陽倒乱主淫乱賊盜乾宮水名催官見坤乙辰申午戌聳朝主富貴双全

乙山辛向破會

乙爲坤夫辛乃巽夫二陽相配定主絶嗣抱養贅婿坤壬乙合局又見寅申子

癸午戌聳朝主富貴

以上論峯水砂斷法

又將四維八干推詳

巽山不可作乾向老父少女豈可相配

巽山乾向主少亡官災火發骨月傷淫乱拐足並瘋聾投河自縊走他鄉

坤不可艮向老母少男豈可相配

坤山艮向兩寃家無端怪乱事如麻喘癆瞎眼並瘡毒家宅人亡寔可嗟

艮山亦可坤向乎

艮山坤流不相合生離死別淫乱多鰥寡火燒人外死絕了兒孫怎奈何

甲山不可庚向婆媳相配豈能生子乎庚山同推

甲山庚流寔可悲子孫逃外永不回姻親帶病家中喪奴婢專權主受虧寡母房中多醜事兄弟不合定分離家敗財散人又死軍賊牽連橫事多浪蕩花子沿門唱女子懷胎暗中生時師若是立山向悞了配合兩分離

壬山不可丙向別人夫妻非正配丙山類推

壬山丙流不相合人倫反乱受折磨瘟癀目疾尅妻子自縊投河跛足多瘋疾聾啞生軟骨氣喘癆病背腰駝婦人淫乱男為賊耗散徒流損人多

辛山不可乙向二男相合犯天寡星乙山同推

辛山乙流百禍至家中敗絶最傷心婦女產厄男少亡缺唇麻瞎暗禍侵龍聾啞絞
縊离鄉走官災淫乱尤賴人若得巽水來相救冰消瓦解疰氣多
癸山不可丁向别人夫婦此向難做丁山類推
癸山丁流雜陰陽少亡孤兒並寡娘火災心痛掐軍賊自縊投河忤逆張淫乱
顛邪齁眼瞎遭瘟連喪二三郎难產喪胎癆病死丁山癸水亦須防
坎龍坤兎震山猴巽雞乾馬兑蛇頭艮虎離猪為八煞宅墓逢之一旦休

九子分房

右邊剩字屬長房

左邊剩字屬三房

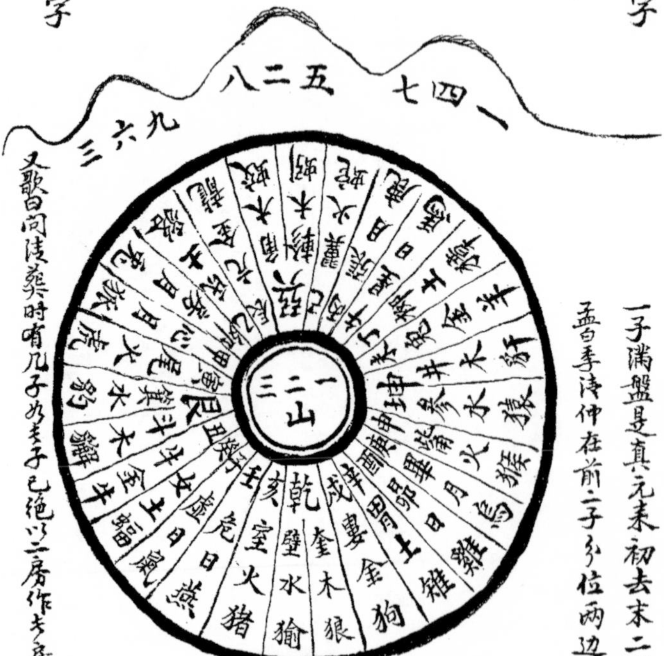

分房斷房分吉凶水訣

一子滿盤是真元來初去末二代分三子却從何處判

孟伯季淸仲在前二子分位兩边立左長右末要均匀

又歌曰問淸葬時有几子如長子已絕以二房作長房二房絕以三房作長房餘仿此推

一子向上立　二子平半分　三子各三字　四子居長宮　五子完中位
六子仝幼分　七子仍居長　八子二房中　九子仝幼位　算来不差分

陰陽二局砂水正配借配立向波撥法

陽局

申子辰寅午戌正配乾甲丁坤壬乙借配

如壬陽龍丙峯丙水來朝丙乃艮妻宜扦艮山坤向巽峯巽水来朝巽乃辛妻宜扦辛山乙向震庚亥未艮丙来朝借配最吉但龍係淨陰與砂水駁雜不合福不綿長其餘陽龍借配倣此

陰局

八

亥卯未巳酉丑正配艮丙巽辛兑丁借配

如亥陰龍午峯午水來朝午乃壬妻宜扦壬山丙向坤峯坤水來朝乙乃坤夫宜扦乙山辛向乾峯乾水來朝乾乃甲夫宜扦甲山庚向但亦駁襍不純且發不久其餘陰龍借配倣此

支干合局破局歌

巽主吐血淫丐當艮生忤逆官災彰丙流跏跛火災起丁瘟腹痛産內亡庚盗人命生痛病氣疾痰癆見辛方

地支六陰水破陽局

亥水吐血少亡癆 丑損六畜忤逆招 巳癆聾啞並蛇咬孫寡夭亡胎墮招 卯酉妻淫多惡死更兼人命軍賊消 未瘟暗疾絞夭折僧道為賊好賭嫖

陽水破陰局

壬主離鄉外郎死黃腫墮胎禍相連　癸主缺唇多毒𤸇跛足交侵禍亦然　甲主凶瘟愚鹵出　乙主蛉螟乞丐先　乾空鰥失生忤逆自縊尤賴鬼怪纏　坤主僧尼官火災寡母鰥夫受熬煎

地支六陽水破陰局

子招女禍淫賊爭　寅主瘟虎瘋犬災　辰夭寡癆並忤逆伶仃橫死多官非　午流目疾離鄉苦淫乱火災軍賊來　申若夭寡外橫死　戌主癆病悖逆忤逆孤鰥寡少亡孩自縊斬頭寔可哀

八干四維合局

乾生顯官大貴鄉寡母起家在坤方巨富艮合財橫發巽流主女貴聯芳甲來小試催案首乙主催官名更揚丙為赦文添富貴丁旺人財壽命長庚主武貴還驟發辛出聰明秀才郎壬催富貴他鄉外癸生六指廣田庄

地支合局斷

申辰富貴錦添花子庫經商富貴家巳名財寶須驟發丑旺田牛寔貸佳何

為驟發因妻顯酉方金帶主榮華寅午戌兮皆驟富午更干城咏兎置富貴水來

亥卯未兇孫英畏寔堪誇

陽局合盤

坤申補廩丙丁辛文貴狀元庚酉富貴文武卯酉驟發武貴亥巳丑艮旺人財秀不过監生丁未旺人財寿考

斷訣破局

壬黄腫落水子離鄉賊盜丁癸难產墮胎丑損田牛寅瘋疾瘟火巽巳丙亥癆病少亡官災淫乱甲聾啞瘟瘇卯酉賊淫乙辛乏嗣抱養

辰戌忤逆自縊庚瘟瘇

總論水破局

乙辛之嗣抱養丁亥難產墮胎巽丙乾午傷目辰戌丑未忤逆吊頸子午卯酉淫乱贓水巳亥癆病墮胎甲庚丙壬

瘟癀落水申寅痘麻聾啞乾巽乙辛多癲瘵之嗣淫乱癸丁向丁水來去產難尤賴腳瘡卯主雷打逢惡曜則准寅甲痘瘵辰巽

多麻子痘瘋眼辛山乙辰水去主吊死男子乾山巽巽水來去癲瘵跛足中年瞎眼路死扛尸男女軟骨坤水火發午丙近火災視目盲卯山酉高乾戌水去來主忤逆自縊

人命官事乾水盛必經官酉辛丁赦文水來去謂之有救不致經官總看盛与不盛巽山乾戌乾水主骨肉相淫自縊人命有壬子癸水來去有必主充軍有酉辛水來去有救巽丙辛為催

官辛又為赦文故也人納主卯丙丁辛合局為赦文不致經官

雜記

乾巽艮坤招官災尤賴自縊瞎眼多乙辛丁癸主傷人跏跛產亡主妻傷甲庚丙壬

姻親傷癆瞽鬼寐多瘟癀子午卯酉軍賊殺徒流陣亡死他鄉寅申巳亥主聾啞

虎傷蛇咬定有災辰戌丑未招枷鎖瞎眼駒疾苦吊縊傷陽破陰百禍生少年孤寡絕

十

人丁陰水破陽卻不宜年年災禍損妻兒乾甲坎癸與申辰離壬寅戌坤乙倫宅若陰
破主惡禍妶若陰破損尸身乾亥水來與未坤艮寅申庚戌辛填甲卯乙卯與丁
未丙午相蕉螻蟻侵丙丁火也水池注亥注兑可免火星
辰戌丑未吊頸忤逆水 乙辛丁癸産厄墮胎水 乾巽艮坤痨病官淫水 子午卯酉賊淫水 甲庚丙壬瘟瘽積不水
巳痨病 寅甲主瘴麻聾啞 寅乾午庚主斬頭 寅甲龍出大麻瘋

破局水應

乙辛水出癱瘓乾巽水亦同乙辛甲庚峯水出駝子丁水出臃瘡腳寅甲主打死
人命庚酉亦同乙辰未主絞死罪子午卯酉亦同辰戌丑未主斬頭丙主男瞎眼巽
山見戌乾出瞎子癱瘓巽主路死乾午亦主瞎子

陰陽斷訣

陽龍陰水龍真氣旺則生蟻六秀水清流滿四庫土濁水聚亥卯未樹根穿坟看外水論乾濕有陽水隔陰水水不入棺只炭濕丁未水半清半濁酉水人命 卯水凶盖上有蟻陰陽二者兼脩陰龍陽水氣旺則生蚁無氣則有水寅午戌紅嘴蟻申子辰白嘴蟻陽山見巳水主蟻入棺子水冲陰主有老鼠陰山陽位冲子亦然其應禍福各可類推

先蟻後水陰見陽轉身到堂陽水積先水後蟻陽見陰後在陽龍上去尋

陰龍陽山衰即生蟻陽龍陰山無氣內定有水而外却乾四季若長流穴中定有水

黄泉八煞正冲前風從脚骨到後边頭脚倒翻何所定只因界水後淋漣

寅申峰水出瘋癱 庚酉雞乱啼 巳出缺耳崩病 甲山庚向庚峰水戲子 庚山甲向甲寅乙辰水出大吉浥 丙丁山癸水出缺唇 寅申

丙水招虎咬丑未山犯寅水亦招虎咬

陽水破陰己做苦主

陰水破陽人做苦主

回祿者火神也丙丁為陰午火為陽火游魂火破局必主寅午戌辛發火丙午丁火水池

注亥免火災注兑亦免火災

左右以合局則吉不合則凶此水兼辛犯之吉凶應驗並出精怪年月日時不外化合

如戌水破局應寅午年戌癸逢冲年月日時三合全局乙庚己酉丑年並冲年月日時

天干論五行年月日時如甲水破局應亥卯未年亦應己年以甲與己合做此

四維破局納甲年月日時亦應納甲之化合年月日時

乙辛丁癸乃天地不足之氣故主産厄墮胎

子午卯酉四旺之地故主盜賊戌辰丑未乃四庫又爲暗金煞故主官非尤賴忤逆吊頸

乾坤艮巽爲帝星故主官灾尤賴

寅申巳亥爲閉塞之方又爲痘瘵故主麻痘破相

内瀛外乾者因六秀水上堂其水滿棺外則無水外湿内乾者难犯水破却不冲穴或水隔或砂隔久則腐乱亦有先水後蚁者如子陽龍見丑艮水左边冲来從乙辰而去主先水而後蚁生又有先蟻後水者如庚酉辛陰龍見癸水冲来從丑艮而去主先蚁而後水者陰陽两水冲来則水定满棺蓋從陽难消陰去也若見陽水冲可作扦消之若丑艮龍作癸丁向又見陰水来以癸山难消水也凡陽干消陽陰干消陰又在坐山論最爲惑人須要精細然此二端即無水冲亦

主有水又有陰水來去主外湿水不入棺以陽水隔斷也此後凶先吉之地
去水必要合盤會局為上吉否則破局雖云吉水為害不淺
三陽水巽丙丁也合流震艮山主食邑開府膺三公之貴合流庚兌出曰三貴水但九升曰
巽丙丁三吉水俱在南方、故曰三陽、又曰三陰、又非巽丙丁、乃內堂中堂、外堂、也龍虎內曰內
堂案內曰中堂、外曰外堂、不可不知、
五吉水丁至門水又名壽星水巽文筆水辛學堂水丙金堂水卯堂倉水八貴水艮丙巽
辛兌丁震庚也
六秀水艮丙巽辛兌丁也　催官水艮山丙水震山庚水巽山辛水兌山丁水俱是納干陰
陽相見故主催官進爵又云水太乙勝光位出去是即絕胎方也

按催官水其用最大形象多用以配陰陽立向 如乾山不可巽向或有甲水來方可做向以乾納甲也壬山不可丙向或有午峰或午水來去方可立向以離納壬也餘可類推

赦文水丙丁是長壽水艮丙兌丁也南極老人星春分見丙秋分見丁丙納于艮丁納于兌故四位水皆為壽老

橫財水陰山陰水來朝陽山陽水來朝主速發

御階水陰局艮巽水陽局乾坤水又云祿馬还須上御階坤申丑艮好安排 金魚水巽辛水是也

官曜水艮山兌水坎山癸水癸山坎水離山壬水壬山離水震庚亥未山見巽水巽山見震庚亥未水皆陰陽正配不相混淆故主催官發財福

八局作向吉凶訣

坎龍午向長房榮未位衰微已有人午向房均坤向破丙向長子絕無踪（丙向二房入相似以有丙水朝也）長孫亦絕

艮龍丁向長二平三房特秀少兒孫離局丙向多英發丁向丁龍兄弟登午向陽基繞旺秀二房人產倍豐隆兌位丙朝發長二向丁長破是廉貞卯發長房均有應三代之後少人丁坤龍午向陽分壽一子孫单家道豐巽龍午向亦同此富貴千秋人不同震丙之向二男死辛向三男俱足豐房房夭折人丁少長位多男寡亦同乾中艮位最為去三房俱貴少人丁（巽向相應）

立向法

地盤立向正為訣三七見兼禍即侵陰錯陽差是天盤時師立向害煞人此言立向之故面也与穴内分金無涉即外收堂氣之旨如乙加辰則吉兼夘則犯煞之類

戌乾壬子子癸兼丑艮寅甲乙辰先巳丙丁未坤申合庚酉原来是後天向有可兼者兼而利也

辛戌乾亥亥壬家丑癸艮寅怕虎牙甲夘夘乙休相見辰巽巽巳莫逢他向有不可兼者兼而不利也

丙午午丁双矅煞未坤申庚乱如麻酉辛方上不宜動此是夾煞定不差以上二段向有不可兼者兼而不利也

雜斷

乾山巽向巽水来去主乱倫癱瘵跛足中年瞎眼死路不論易女丙主跛足軟骨瞎眼午主近視眼乾巽乙辛主癱瘵乏嗣

癸山丁向丁水來去主臃瘡產厄痨病

辛山乙向辰水來去主自縊寅申水主痘疹災巽辰主麻子大麻瘋壬主黃腫落水子主離鄉盜賊癸墮胎痨病丑損田牛痨疾少亡官事寅瘋瘟火災甲聾瘟火災賊淫乙主嗣絶養巽痨病官災瘟必亡淫乱巳吐血丙火災目盲丁墮胎產厄庚瘟瘴酉盜賊辛难產主嗣戌忤逆自縊乾官災瘟災亥吐血少亡痨病乙辛丁癸主墮胎產难巽丙乾午主目盲

卯山酉向戌乾水主忤逆自縊官災乾水盛必主經官若不盛又有辛酉水或來或去謂之有赦則不忌總而言之看盛不盛巽山乾向有戌乾水主骨月相淫自縊人命壬子癸水來去必主充軍有辛酉水來去為有赦以巽辛為催官辛為赦文故也又有納甲外有丙丁辛合局為赦文不致經官餘倣此

子午卯酉主賊淫辰戌丑未主吊頸忤逆乙辛丁癸産厄胎墮乾坤艮巽癆病官灾淫乱甲庚壬丙瘟瘽積一个巳亥癆病寅甲麻痘聾啞陽破陰局已做苦主陰破陽局人做苦主

寅甲龍出大麻瘋寅甲峰水主風癱庚酉雞乱啼寅乾午庚主斬頭巳水主崩病缺耳

寅甲山丙水招老虎咬 丑山未向犯寅亦然 丙丁山癸水出缺唇 甲山庚犯酉方峰水出戲子 庚山甲向乙辰方有峰水出疤頸 以上破局断

子山午向有午水朝来兼龍局健必主為將封王不然亦必科甲之貴人財大旺有未水来去必主自縊有巽巳丙水来去主少年亡外死庚酉辛方峯水必主陣亡

丑山未向有巽巳丙峯水為上格龍主出狀元有庚酉辛峰水秀亦主出狀元如巽巳丙庚酉辛一齊起秀主文為卿相武為將軍 中格龍有此峯水主科甲兄弟聯

旁文武双全　下格龍有丁方峰水兼巽巳丙庚酉辛到堂應主府縣小試案首

文武生員如有午水沖主全家有血光之災盛則斬首並賊淫目盲應敗

巽山乾向有辛峰水起秀爲上格必主出神童發魁元入翰苑之貴庚酉峯水必主掌

兵權　中格龍有如此峯水主少年文武登科　下格龍有此峯水少年人入泮水人

財兩旺若戌乾峰水破局必主斬首人命自縊應敗　以上合破斷

渾天甲子

乾金甲子外壬午　甲辰甲寅甲子　壬戌壬申壬午

坎水戊寅外戊申　戊午戊辰戊寅　戊子戊戌戊申

艮土丙辰合丙戌　丙申丙午丙辰　丙寅丙子丙戌

震木庚子庚午臨　庚辰庚寅庚子　庚戌庚申庚午

巽木辛丑外辛未　辛酉辛亥辛丑　辛卯辛巳辛未

離火己酉己卯尋　己亥己丑己卯　己巳己未己酉

坤土乙未加癸丑乙卯乙巳乙未癸酉癸亥癸丑　兌金丁巳丁亥兼丁丑丁卯丁巳丁未丁酉丁亥

如子山午向或坟或宅戊申戊寅年分必主添丁逢申子辰寅午戌年亦添丁如子年添男丁坎為中男也午年添女丁離為中女也癸年亦添丁坎納戊與癸合也一卦管三山餘卦仿此類推

箭刃歌

甲庚卯酉年為禍乙辛辰戌殺人多丁亥丑未何踏跡壬丙子午定干戈乾巽猪蛇為大禍艮坤猴虎不堪過天干有箭支無箭犯者灾乱無奈何

如甲庚向或卯酉方有峰水門路獸塚破局定主卯酉年損丁耗財卯酉方無峰水破局卯酉年亦見禍順遂應驗其禍如洵餘向亦同此推

六害歌

從未白馬怕青牛子羊相見一旦休玉兎逢龍人必死金雞遇犬淚双流猛虎遇蛇如刀割猪逢猿猴是箭鏃

如子山午向未方或有峯水門路破局每逢冲合納甲年分其禍主見餘倣此推

天機地理合破詳註

乾宫有天厩陽璣天柱天門星

乾為首為天為圜為君為父為玉為寒為金為水為大赤為良馬為老馬為瘠馬為駁馬為才果 荀九家為龍為直為言為衣 又有為腦為背為面為動為履為蓋為石 先天居離後天居西北六白之宫屬金老陽元極不坤與交納甲為少妻而

終無生其性罡而且堅得金鑑鏘之氣

甲宮有陰璣星　甲為首為顱為頂為胆為舟為車為竹為數為玉　其性略剛而且動得木之出土氣故付夘而受納配於乾也

乾合富且貴　出輔相天柱也　首選為首也　得道神仙以純陽也　出人剛健武略勇高明果決肅煞鄙瑣大首洪声强筋壯骨先應長房三房均發

乾破貧且賤　尅妻鰥夫老陽也乏嗣抱養無生也　尤賴鬼怪四顯卦也　官非衙役為君近公門也　秃子為首也　啞音為言也　佗子為背也　耳聾為腦也　跏跛乾居六百洛書各八為足也　痼疾石壓剛金不化多馬災為馬也　出人喜訟好動狼暴橫逆先敗長房

甲合主聰明俊秀木生文士也　少年魁元八千首也　乾見則準　亦精詩畫

甲破主跛足聾啞（乾納金受尅居六白左足也）瘋癲麻痘瘟災（木生風火也）道士畫工（有笏形歌斜更的也）

乾宮凹風吹來白蟻徘徊瘡癩痰癆嫖賭無孩

甲宮凹風吹來兎頭削腮瘋癲癬癩大麻傾癩

乾水多貴而且富龍神喜坐坤申類若見乾峯侵入雲世登雲路辛相位午龍得此

砂水秀馬上金堦出太尉辰龍乾水勢洋洋龍透天門格最美粟陳貫朽多稅

粮更發顯官人驚畏

乾水破局跛與聾頭痛駝矮倒相通鰥寡絶嗣多不言繼贅尅妻叠叠逢艮丙巽龍

見乾水災禍緩速分其中乾水來時禍則速去則禍緩遲遲凶來主跛而不能履去

雖履能跛則同丙丁卯巽四龍脉乾亥双朝人吐紅咳嗽瘵天頻相見戌乾双至

鼓盆凶地力將衰向乾者頭多漸生鬎鬁翁

甲水申砂出富貴乾龍得此寔為美蜚声魁第少年即文童價高人敬畏

破局跛足多瘋癲其方有峯非吉位文筆由此應畫工木笏多生道士類陽衡行龍

襍陰機子孩世受瘋癲累

坤宮有元戈天鉞寡宿星

坤為腹為地為母為布為吝嗇為均為子母牛為大輿為文為眾為柄其于地也為黑荀九家有為牡為迷為方為囊為裳為黃為白為漿 又有為肚為冐為踝饕飱

先天居坎後天居西南二黑之宮屬土老陰亢極不與乾交納乙為少夫而終無生其性方而且厚得土之正氣

乙宮有天官折威將軍星　乙為喉為肝為手為足其性曲而且枯得木之老氣寄

夘無權受納于坤

坤合主財巨富寡女起家（為地為女為吝嗇為女也）女將男帥（為柄）坤又有元戈納乙（有折威將軍星也）魁元

（至哉坤元也）亞元（次乾也）榜尾（坤成終也）廩貢（為米粟為文也）出人多大腹肥胖陰私吝嗇先應

長房三房均應

坤破主貧婆乞食寡女敗家（老陰也）乏嗣抱養（無生也）尤賴鬼怪（四顯也）妻奪夫權婦女無礼

坤峯高（乾巽太低的）孤孀相繼（水盛的）多年災多痞癥胃脘之疾

乙合利名顯達（天官星也）多女少男单傳遺腹子（少夫配老妻也）偏氣也得絕嗣産妻財

乙破墮胎少亡抱養（乙為栽茆之木為天地不足之氣無生也）自縊（象絶家多手足也）絶啞噎疾

乙宮凹風吹來繼贅仍回小房自縊家敗如灰

坤風習三中風昏連小兒隔食寡女淫逸

坤水合局主財富寡女起家多倉庫乙癸乾離四龍神喜逢坤砂坤水顧山形卓

拔旗旌樣女做將軍男帥富忽然端拱正女堂又主科甲不及武乱峯低小郡衙

戢廵檢小官亦堪數

坤水破局勢洋洋婦女相繼為孤孀抱花撇裙山再見寡女淫乱山再見寡女淫乱

不可當尼姑念佛金千卷定有山形鉢盂樣若是邚龍見此水尅妻犯殺人悲傷坤

由並朝享厚福先天後天會一方若與未水双朝入廉貞煞曜兩遭殃未少坤多

遇陽局每見男人吐血亡未多坤少遇陰局女人吐血為殀殤

原来乙水是催官
脉貴一班乙辰双朝
破局主招手足疾螟蛉
妻三五番時或乙
艮宫有天樞陽樞天市垣司天下文章之府

而不動萬物賴之而成

丙宮有天貴陰樞太微垣司天下之祿

丙為目為肩為小腸其性清而且動得火之旺氣故附午配更土為夫火生土故有助夫之意

艮合局少年及第早食天祿與國為姻艮為少男又為天祿帝星之左為箕尾右為牛女二星一為母后一為女子宿主嫁娶事故與国為姻斗牛為文章之宿故主科甲官資豐厚巨富天市為貲財之府也出人守净安重豐鼻秀手先應小房

艮破主出茶房為閽守也小兒失魂為鬼戶也跛足八為足也艮上岐路兩手戟匕不寧又為手也手足瘋癱有風射的其家多手鼻指腰血氣頭脾諸疾

丙合主貴天祿星也食祿　皇恩原宥為赦文也

丙破主火灾目疾肩疾小腸疾癱跛納于艮居八白右足也應右手右足也

艮凹風送白蟻滿洞忤逆分离少男鼻聾

丙方低凹女子不育水去風来火盗蹭蹬

艮水合局天市宿世人財貨聚其間若見砂形櫃庫樣悠揚水在向坟前出仕宦資定饒富厚積為山非带開砂如低水水情短亦主温飽爛禾錢丙龍遇此砂水秀黄甲声名當世傳三台水秀氷凝聚與國為姻禄綿綿

艮水破局多冷退亦主絶嗣祀不延雖有文章不显達此方缺陷峯不全

丙水合局多富貴犯罪之家用此救丙火赦文山水朝皇恩浩蕩叨原宥

艮龍丙水可催官納甲之理宜透参凡地非砂貴难求八個歸元水最秀砂形印

笏為公卿庫櫃之形富豪右辛酉亥龍寔驗之亦須水朝如輻輳破局敗家或火燒廢而不起多灾咎水路丙午並流來寅午戌年火難救

巽宮有太乙陽璇星主天下之福為文章之府又為太極垣

巽為股為木為風為長女為繩直為上為白為長為高為進退為不果為臭其如人也為寡髮為廣顙為多白眼為近利市三倍其究為躁卦　荀九家有為楊為鸛為頭為乳為口為股肱懸吊為樵為尺為鷄　先天居西南後天居東南四緑之宮屬木不與震交納辛為夫而無生其性至大而且盛得木之成林

辛宮有天乙陰璇星主天下之福為文章之府

辛為膝為肺其性清而且薄得金之老氣不能自成寄酉而納配于巽

巽合主神童科第詩文蓋世（巽宮星皆貴體也）仙道有太乙星長女貴且主商賈興家 出人長髮大額工巧俊秀先應長房或女貴

巽破淫乱自縊（為女為繩真也）乏嗣（無生也）尤賴鬼怪（四顯也）禿頭少髮經商敗家 木工 白眼疾 槌打傷股 出人狐臭其家 多頭乳股肱之疾 或因鷄起口舌

辛合主婦女巧美 文人清明亦精詩畫 大貴（辛宮亦貴星也）金銀之商（辛金應胃屬為倉庫之府也）

辛破主少亡癆病（巽木生火尅辛也）墮胎乏嗣（辛為不足之氣）畫工處士（巽金巧木）氣疾（肺為氣主也）

巽風頭竄婦女臭乱陰戶生虫樹腐東南

辛凶風狂少長齊亡二姓同居寡女下堂

巽砂巽水龍辛亥 少年科第考運通兄弟聯芳入翰苑喜隨陽璇有双峯庚

夘二龍巽砂起經畧之士振盛雄巽為長女水朝入貞潔女兒美貌濃或因女家

致財富或因妻貴得恳荣若是峩嵋山在巽宮妃駙馬酉相逢巽丙丁無三陽水

朝來喜歸鬼鄉中東夘酉庚皆鬼位義門壽考福無窮巽水龍遇少男脉壽筭兮福豐隆

破向冷退為乞丐艳花山現多淫風次或山碎如斜側室為懷胎好私通

辛水最秀司文章狀元魁首姓名揚巽龍少年登科甲翰林學士近君王更有如花

女子好家藏金帛玉翠兼艮夘亥龍見此水砂明水秀入明堂亞元明經人人羨

陰龍陰水是相當亥山一丈可致富辛山十丈富难量雖然金帛誇富是過房异姓

終難養

破向不覺家冷退為乞無救至絶亡

坎宮有天疊太陰陽光星　坎為耳為溝續為隐伏為矯輮為弓輪其于人也為加憂為心病為耳痛為血卦為赤其于馬也為美脊為亟心為下首為薄蹄其于輿也為多眚為通為月盗其于木也為堅多心　荀九家為宫為律為可為棟為叢棘為狐為蒺藜為桎梏為豕為中男又為腰背肚腹腎為精液膀胱陰囊胆血皮韋草定脚肘臘睛羹酒益哭泣先天居正西兑位後天居一白子宫屬水与离交極又納癸為妻生申子二男辰一女会成水局其性净而平得水之聚處故曰坎

癸宫有天漢瑶光北道陰光星

癸為足跟脚掌胞腎腸陰私為盗賊瞳子水其性沉而且涸得水之將消所以藉坎為事不得水之正氣帶坎多應中房

申宮有天関傳送星　申為頭為背為大腸為膀胱為筋為骨其性藏而且碓得金之新氣未罡故寄於坤多應長房

子卯坎

辰宮有元金龍天罡星　辰為腹為腰膝肩背項足腿肋胞命門声音胃脾皮膚其性柔而不結得土之泛氣寄巽出人多不全先應中少房

子合大旺人財有生也　軍功武貴也弓异路功名水火濟也經商舟楫為溝瀆也出人心机陷隱智隨方圓

子破淫乱通也軍情盗賊為賊隱伏也　喜賭酒為酒也　黄腫失血落水耳聾心病崩帶痔漏

痢泄為耳心肚水也　痞瘣中滿也　大脚為足也　坎有糞坑遇三煞臨之生背花瘡承災亂怪家家不斷哭泣遺精　出人浪蕩無定隨波逐流沉溺酒色

癸合大旺人財六指双生坎同以腎主骨指也

癸破主溺水淫亂与坎配也墮胎少亡產厄癸乃不足之氣又為腎腸也為盜充軍逃走為陰私盜賊帶坎性也

毒藥其家多腎腸腳疾

申合大旺人財長生位也豪生邁眾傳送星得金之新氣

申破逃亡外死傳送為道路之神也虛勞少亡新金未置水厄游蕩子孫為申子辰水局見亥水雜定主水

究申為天河水子為大海水辰為天池水亥為天璜水故主水厄

辰合大旺人財冲開墓庫納粟成名上無夕也

辰破忤逆自縊為天罡頂也充軍坐牢為牢獄之地也水厄耳聾音啞屠劊有尖刀砂的僧道吃齋土傷

子風蛇鼠鰥寡同處腎卯多瘋氣痿不舉

癸風吹未寡婦多災殘疾怪盜賊相害

申風虛癆夢遺鶴膝痔瘡疾病女兒無出

辰風难産多爛眼眩損妻尅子好拜佛前

子癸二水生六指猪聚澄凝發富貴水迎再得砂高拱离龍入穴近君門陽龍坤

离陰巽兑定主双生非應秋坤离生男家即富巽兑生女便仃伶

破局桃花多聾耳女患墮胎因員墩水盛落水或黄腫忽然縊死令人驚三条陰

龍卯亥艮最怕丑未並朝坟若是混流或凝聚兄弟屠戮女禍侵必亡毒藥並肚脹隨母改嫁亡宗親

申水合局旺人丁少年發達逞豪才卯龍申水扦申向化煞為官登將台

破局虚癆少年死卯龍申水可畏哉人命犯未招刑憲逃竄絕亡寔可哀

大旺財產是長水乾龍得之最為美此水去来俱不拘總是冲開墓庫疊穀粮盛多此之因破局瘋癲並落水酉龍見之主音啞或生路 齒缺唇嘴丑未龍見痼疾生仃伶横遂凶死兒

離宮有陽權天廟天馬太陽遊魂星

離為目為日為電為中女為甲胄為戈兵 其于人也為大腹為乾卦為鱉為蟹為蠃為蚌為龜 其于木也為科上稿為火為雉 荀九家有為牡牛 又有為肚臍心舌神氣膝助魚介 先天居正東後天居九紫五宮屬火與坎交極納壬為夫生寅午二女戌一男會成火局其性高明而動得火之正氣故主速發多應中房

壬宮有陰權天輔星 壬為頸背膀胱臂脛鼠燕猪狐鵝鴨極桔目 其性最速乃水

初動踴躍之時

寅宮有天壙功曹星有瘋魔煞

寅為胸胆肺臂爪甲毛髮髭鬚其性銳而未分得木發動之氣其力不罡先應長房

午即離

戌宮有天魁婁金鼓盆煞

戌為頭為面為腹其性軟而且卑得土之賤氣故助乾為立先應少房

午合速發人財（火性急也） 女貴（中女也） 文人（有文明之象也） 武士（為甲胄戈兵也） 近君之貴（為日君象也） 離鄉而發（離者离也）

魁元（乾先位也） 出人虛心聰明書文詩畫大腹美囙

午破主驟敗离鄉 火災 目盲 軍劫（為兵戈也） 淫乱（為中女大腹也） 虛詐 外死牛馬多灾應寅午

戌人或心邪或眼盲或肚臍生腫毒或大腹痞子或膝肋多骨疽或嚼舌或崇顛
或食生魚鱗皆終於瘵火
壬合速發性急也　血財為豬鴨也
壬破離鄉驟敗　風聲水厄　外死腫蠱病　遊蕩　鼠怪豬災　狐精害人　目疾背佗
腰躬　受官刑傷臂
寅合速發人財受天培育
寅破瘋癱有瘋魔煞也又主痘麻損小口　火災　虎傷　狐精迷人　家多胸胆肺臂之疾
戌合主速發土財貴多納粟　亦出文貴有天魁星也
戌破主牢獄為牢獄之地也忤逆自縊為頭而暗金煞也屠劊有尖刀砂魁妻鼓盆煞也目疾　寅午戌破局皆生火災

合局而有巳丙水襟火災更的火病寅午戌年 火災應甲子辰年

離水豪富又貴顯壬子癸龍又合宜龍虎抱衛砂水拱公侯相貴無疑此水來去俱驟

發財至離鄉是發期高峯獨出遭回祿乾壬泄制產英奇

破局火災兼淫亂盜賊時來相侵犯若有員墩免火灾又主目盲墮胎患巳向若有午流動婦人吐血

支絃斷夘艮二龍見此水眼外雖明中多暗若徒酉上流出口婦人室女同淫乱

壬水驟富堪可救血才興旺多名利午龍得此砂水秀文武全才為公卿单水主富無大貴

亦多納粟共行人大抵水來居家發去則离鄉富貴成

破局驟敗出遊蕩水盛多主黃腫恙亦有水厄落水中逃竄他方羅災障

寅水長生旺丁財乙龍喜見此水來來則离鄉 近福去則离州發達財

破局為艮之八煞多生瘋盲及虎突寅甲小墩長而細浪子虛誇博奕材員則更名為

木印道士弄法敎符牌

辰龍戌水廣田庄富比季倫多税粮戌砂戌水光照穴翰林學士近龍光

破局回禄瞎且聾鼓盆之煞尅妻重夘龍戌水人音啞艮龍戌水聾耳盲逢丑未未龍戌

水流少亡忤逆人不忠庚酉二龍見此水尖刀砂出屠劊儂午戌破局害眼者或砂或水病

亦同砂凸眼珠亦凸出砂凹眼珠陷眼中

震宮有雷霆陽衡應貞天理天命阿香星主天下之威柄

震為雷為足為龍為元黃為旉為大塗為長子為決躁為倉筤竹為萑葦　其于

馬也為美鳴為馵足為作足為的顙　其于稼也為反生其究為健為蕃鮮　荀九家

有為玉為鵠為鼓　又為左腋手目筋脇血大腸脾鼻牙指肘先天居東北後天居正東三碧之宮屬木與巽交極納庚為妻生亥卯二男未一女其性堅而且正得木之盛氣故挺龍獨立多應中長房

庚宮有陰衡天漢星又名將軍星主四方之權衡

庚為腹大腸其性頑而堅得金之頑氣未能作用寄兌多應長房

亥宮有天皇紫微垣星最貴

亥為頭為頷胸膀胱大小便髓湧泉其性得水將動之時是水之正氣多應長房

卯是震

未宮有鬼金宿天常星

未為頭脾手胃腕腹小腸口羊舌其性柔而弱得土之初氣寄坤多應少房

卯合主速發武將元帥兼法令嚴肅　大足出人武勇剛強急躁足大髮茂有胆畧

卯破主驟敗盜賊淫乱多損壯夫折足習篾匠善打鼓　馬多足疾　家多足左腋手目筋血諸疾

庚合英雄將軍　善騎射　武兼文事

庚破殺傷人命　盜賊　凶頑腰大腸疾

亥合大旺人財　富貴悠久　積美

亥破主水災（会申子辰局）吐血癆病少亡遺精崩痔家多頭顱胸隔諸疾

未合主旺人財六畜財產人佛道

未破主忤逆自縊金煞頭也牛羊灾　僧道吃齋　左道惑人　痼疾　多口舌　家多頭脾

　胃腕腹疾　羊兒風

卯風受驚雷火傷身瘟癀折腿婦女風声

庚風破耗混乱五倫嫖賭軍賊肆害鄉鄰

亥風淋溢長房立侄癆病痔瘡女亦無出

未凹風吹鰥寡淚垂忤逆凶橫厮打別离

震為雷霆未為雷煞若會合到局則助雷為威故主雷驚然此必反龍或反局方

　無掛影雷傷之事

又有辛為雷極巽為雷風巳午為雷火

夘水文官兼武官操持將畧人欽畏庚龍夘水能驟富更喜高峰鎮此位斬砍自有显威權將相崛起英雄隊

破局偷盜並淫乱蕩産多因賊牽連坤龍夘上水去來定主殺戮徒刑罪

夘龍庚水可催官武人取貴更無難胸襟胆畧世無敵去水皆富合家歡庚砂高起旗旄狀再得鑾鑿掌兵權四神八將来拱峙名播華夷鎮大藩夘龍庚砂如此驗艮亥二龍又一般尖峰秀起如判筆片言折獄称不繁若是巽龍庚砂起為官清正不污貪壬午之山庚照穴强盜頭目賽樓闌如其破局单庚水偷竊時生不肖男庚申並流射入塚被人殺戮最凶殘若得丙丁砂水照害眾成家福壽全

亥水来去能合局大旺人丁並財祿且蔭人家久積善夘巽龍見尤富足

破局虛癆損少年吐血症亡登鬼籙午龍見之害丁財橫過災輕終少福

未水合局血財庫謹守田莊最暢怪卯龍未水分去未水未雷擊家漸富去時雷擊家

漸衰出人拘謹信邪道

破局看經念佛尼姑僧道拜蓮台辰戌二龍水去未尤賴鰥寡夭折媒悖逆不忠难制

伏尸山路死不聞回

兑宫有陽閭少微垣星主天下之壽為司藉之地

兑為口舌為澤為少女為巫為毀折為附決　其于地也為罡鹵為妾為羊為雞

茍九家有為常為輔頰　又有為右脇手膊背肺缺唇鼻声精血腎耳　先天居

東南後天居正西七赤酉位不与艮交納丁為夫生巳酉二女丑一男其性精而且明得

金之氣故應少房

丁宮有天柱星南極主壽為司藉之地

丁為命門心胞絡其性長而且柔得火之善性寄午而受納於兑

巳宮有天微天屏天堂星亦貴但不顯

巳為三焦小腸面齒唇手股脾胞蛇其性柔而且美得火之氣初生未能大顯附巽多應長房

酉即兑

丑宮有金牛牽牛天廚星

丑為腹脾腰肝耳足臟脛指了其性歛而且動得坎水之潤多慈神坛僧道之兆多應小房

酉合大發人財 女巧貴 婦賢美 言語悦上 樂令師巫 出人性罡鹵善言耳白血色潤精

口美声清

酉破主少女淫乱 妾巫歌巫 口舌 不寧 缺唇露齒喉結音啞 牝雞司晨 失血

遺精 盜賊口賴毀折 田地金銀家多背肺腎口疾

丁合主長壽稟祿 永無凶福 科第才子 王侯朝食 心地空明

丁破主腹痛產厄損丁家多心命門胞絡疾

巳合旺人財 有即為赤蛇遶印

巳破吐血癆病損少年 蛇災 火災 家多三焦小腸諸疾

丑合大旺田產六畜至僧道吃齋時即歇

丑破忤逆自縊 牛災 僧道不良 屠劊有尖刀砂 家多腹脹臟瘡諸疾

兌風淫慾癆病痰多子孫缺長唇陰人茹鞞
丁方空缺少女悲切風射心痛飲食哽咽
丑方凹射性横無兒吃齋念佛為僧為尼
酉水合局雅且清魚袋砂生登朝右酉砂酉水巽峯高貴近君王衣衮繡丁艮二
龍出文官唯有山朝兼水秀破局淫乱不堪言室女偷情随人走丁水合局南
極星男女康寧最多壽丙丁二宮名赦文家無凶禍福頻臨策射金門第一流
酉龍丁方砂水秀艮龍丁峯水特朝王侯朝食官非謬
若然破局多眼痛退財之時無可救
巳水合局旺人財夘龍巨富巳水来赤蛇繞印佩金印艮亥二龍寔堪裁

破局吐血與癆病少年多損見蛇灾巳亥皆屬長生地已為地庫最宜開陰龍水

口巳砂塞婦人不孕絕嬰孩陽龍巳口員敦起雖龍怪孕也墮胎

丑未合局旺田莊牛羊孳息滿山場出人信崇求佛道産業肥饒金帛光

破局生人多夭折鰥寡僧道定不良辰戌二龍丑未水翻棺覆槨人遭殃橫逆悪

死多癩疾殺戮公事禍非常乾龍丑水入塚宅牢獄傷身禍莫當四墓魚襲

非為吉路死扛尸哭一場乾坤二龍見此處尖刀砂出屠劊郎

穿山格龍 在分脈之處定穴

乾納甲坤納乙震納庚兑納丁巽納辛艮納丙離納壬坎納癸先天乾在南後天離居乾女從父納納乾之外卦壬為夫先天坤在北後天坎居坤子從母納納坤之外卦乙為妻方稱穩便如甲子龍前面必結甲庚向有戌乾水朝堂以乾納甲也壬子龍前面必結寅午戌地以離納壬寅午戌也庚子龍前面必結亥卯未三山以震納庚亥卯未也丙子龍必結艮坤向以艮納丙也丑艮同宮必結丑山未丁丑龍前面必結巳酉丑三山以兑納丁巳酉丑也其餘峯水催官應位分毫不爽總在祖山過峽處下羅盤即知前面某峯某水應位自知房分偏枯

論龍格貴賤

上格龍後坐龍樓鳳閣一路飛鵝展帳而來有矢弧拱峽到穴之處左旗右鼓前面有文峰天馬貴人

金箱玉印水口或有北辰羅星此王侯將相之地不易得也

次格龍龍身出脉處或有御屏宝帳一路奔騰舞躍而来過峽處更帶金箱玉印拱護到頭結穴處面案秀峰或仙橋或双童侍講諸般貴格案外有峰如旗旄之狀不但翰苑之貴而且掛印之榮

中格龍龍身出脉處或漫天水星或串珠體或五腦芙蓉帳結穴面案恭整文峰吐秀又有倉庫隨身亦主京外督學之尊

中次貴格或後坐三台或露王字工字峽兩邊天乙太乙拱峽工王二字中出两邊仙帶主太守之職無仙帶主知縣之職如工王字不由中出边有边無者則佐襍而已

登科之龍只要飛鵝出脉到頭或成星體者即是然龍不帶誥軸雖中不為官

下格龍無飛鵝宝帳只要起伏活動結穴處有峯水拱護得正穴者亦主入學補廩出貢其餘旺人財

只要些〻微之氣清者入學濁者納粟

亥卯午三龍在　為难一路行来了然無盖帳此三龍在天為最尊故多串珠體兩边多扛砂起帳漫

威武不開枝脚

認龍法

㝷龍須先看断處断處看起祖如祖山起頂於断行後大約行三五十里而後結若分脉處另起火

祖兩边有護胎砂其頂兩頭跌断者結穴必近如無護胎砂又無大幛必是穴龍護送毋庸着眼

四條論

一條在受胎胎者祖山分脉之處也有護則貴無護則賤

一條突然起祖謂之息息若成星體此必中　體也

二

一條到六謂之育育要有憑㩀証佐太極圖暈若方為真穴

一條大龍分脉而結到頭成星體者必中大抵發福不過一三代謂之大龍幛挂角結故耳

辨龍貴賤訣

龍身有帶誥軸旗鼓者主科甲有帶刀鎗劍戟者主出武士只帶庫者主富所謂富貴出自龍身上是也如無貴格砂水文峯到頭有氣不過衣衿人才地耳所謂一望而知富貴貧賤即此也

得龍看祖法

木星起祖往北方給大地以水生木也往東方結地亦科甲顯名以木星歸垣也往南方縱有大帳不過進士而已以木生火洩龍之氣也往西方不結以金尅木也

金星起祖跌下也有土星以土生金也往東方結牛田之地我尅者財帛也往西方結大地金星歸垣也

往北方結小地以金生水洩龍之氣也

水星起祖多是漫天水星往西方結大地以金生水也往南方結牛田之地以水尅火也我尅者財帛也往北方結大地水星歸垣也往東方結小地水生木洩龍之氣也

土星起祖主出富往東方結地以木尅土也往南方結大地火生土也往西方結小地土乃生金洩龍之氣往北結牛田之地土尅水為財帛也

火星起祖往東結王侯將相之地木生火也往北不結地水尅火也往南結大地火歸垣也往西結小地洩龍之氣也

大抵認龍不外五星五星認生尅乃稱慧眼然木火二星多科甲之龍金土水三星多是富龍龍之貴賤一望而知勿庸他求矣得其本真而楊曾廖賴豈外是乎後之學者如

此何患無成功矣

大結正格論

木星起祖結亥卯未金星起祖結巳酉丑水星起祖結申子辰火星起祖結寅午戌土星起祖結辰戌丑未此五星大格正結也形体性情精神義氣龍看左落右落砂看左脚右脚明堂看四角三陽看城郭數者無空缺方纔看明堂明堂圓又圓買盡世間田明堂灣又灣世代做高官明堂如簸箕家中財还聚明堂似猪槽家中漸漸消

論催官

乾山乾向水流乾乾上高峯出狀元今日時師多不解能知此訣便參源

蓋先天乾居後天午位午山即乾山也先天坤後天子位子向即坤向也坤乃乾之妻妻隨夫化子即

乾向也水流乾出後天乾位乾峰高聳因納乾甲為妻妻從夫化甲峰即乾峰也知此餘可類推

審龍十則

一龍勢屬陽無陰不生亦無陰不成一陰一陽則謂之龍獨陰獨陽則謂之山

二祖宗太祖曰祖少祖曰宗誥軸聳拔者貴凝厚而帶倉庫者富孤削者貧遇鬼刼斜死者賤枝傷者滅
者更賤

三分積太祖分者謂之大分而有大積少祖分者謂小分而有小積分者散也宜斂宜合積者聚也宜顧宜回

四峽變斷續形勢為峽剝換氣度為變喜正護忌偏孤或偷藏蹤跡或渡水穿田覔顕路之
枝脚見生成之石跡

五束咽咽正則峽正斜則穴倚曲遂閃則旁取頂咽緩長返因短聚低縮升高峻極隆底石迸石

扦土还土正陰極陽合陽極陰合總而言之生結死棄

六結関龍勢雄猛無左無右定必不結山体粗硬勿幛勿起其勢不清不強不弱已開減而成穴

至旺至剛惟叔関而始經二者不犯遊龍不結此言束也

七穿落陰落穿陽陽落穿陰一陰一陽互為其根男女媾精天地自然此言結関見穿落也

八傳变傳变者穿落傳变斯形也陽末陰受陽老而变陰陰末陽受陰老而变陽变何以尋

有穿有落知此妙秘斯為明術

九形势横宜下臂斜宜掏案逆宜面朝順宜交胡生蛇渡水中平安曲哌木騰空高山起伏茍

非然不龍不育

十峦頭壁巉侍從光净細心察認龍身貴賤攸分神而明之楊曾復見

凡龍有峽即有变因有束咽一呼一吸猶鼓索然而點穴諸法如此預定如束咽正則入首處穴場亦正束咽斜則入首處穴場亦欹斜束咽湾曲則入首處回頭而穴逆朝束咽角則入首處角湾而穴旁取束咽緩長而穴居頂束咽短促而入首必短聚而穴居返束咽條平行縮則入首平和而穴宜陛高束咽峻極注下則入首卓立而穴墜底束咽石則入首結穴有石束咽土則入首結穴是土束咽陰盛則入首变陽結穴束咽陽盛則入首变陰結穴束咽過於飽則求其蕩閑以清其氣束咽過强則喜其多劫而分其氣束咽處四山恋穴可截閑而截之束咽脉備數湾穴於曲抱處撥之束咽小而氣斂入首結穴於陽處束咽闊大而氣散入首必結穴於陰處總而言之生氣必結死氣不結誠能明於峽变束咽之法即知入首結穴之法矣

变有四体卓立而冲天者木端坐而大武者金橫斜如天財者体側落如土角流金金脚傳水則為側

五

有四應高峻昂頭以就上聚者穴則宜盖
有四應平和鞠躬以就中聚者穴則宜撞
有四應飜身以就祖宗者穴則宜逆
有四應低伏潛墜而就小聚者穴則宜粘
有四應偏左則穴從斜而偏左偏右則穴斜而從右穴則宜倚

格龍以分脈處定吉凶

分脉處用羅經格定不論陰陽務要純浄不襍前去必結地如分脉陰陽混襍来去峰水朝对亦必不妥断不結地縱有以氣到頭葬後必主一房興旺断不均匀如分脉處一格乾亥双行到頭結穴朝山巽向必有巽巳丙砂水破局作亥山巳向必有午坤申辰寅砂水破局其餘倣此

又八干四維分脉不兼地支必是砂脚以坐大空亡以穿山透地不能乘生氣故也

又如分脉為格定是六十年亥龍動左不離壬動右不離乾是正亥龍到結穴處必有巽巳丙峯水拱穴朝應蓋巽是辛妻而從夫化謂之妻來会夫

凡格二十四龍未曾開口須先知穴内生氣或有蟻無蚁或白蚁烏蚁看地者不問千里來龍看入首一節為主斷方驗必要明師口授心傳斯稱妙法

假如亥龍入首有寅甲風來龍其穴的平陽闕土尺五必有白蚁窠風小必有風窗高山三尺必見若有平水走去入土尺五必見黑蚁此定法也点穴時須要避開此蟻方好如不避開惹人毀謗

午龍入首有艮水必見白蟻寅巳水來去必有蛇

郊龍入首有戌朝水來去有蟻申水同推
巽巳丙龍入首見戌乾水必有蟻壬子癸開土尺五無蚁必有風窗
丁未龍入首見寅申水必有蟻戌朝水同
坤申龍入首見丑艮水必有蟻洞見亥水亦然
庚酉辛龍入首見寅甲乙辰水有蚁見壬子癸水有老鼠或有風窗
戌乾龍入首見巽巳丙午水同流入土尺五主風洞洞中有土蟻無數
壬子癸龍入首見丙午水同流主有黑蚁風洞
丑艮龍入首見坤申水入土尺五必有蚁
乙辰龍入首見庚酉辛丁未水有蚁

以上無不應驗總之火主黑蚁或紅嘴蚁金主白蚁水主青白蚁木主長白蚁土主黃蚁斷然不爽

二十四穴開土吉應

亥龍入首龍真穴的結穴處界水分明圓暈特起有巽巳丙水來朝主黃金土入土尺五有赤蛇應驗即止此蛇不可傷損仍放於井中將棺壓住此地不小如後龍帶諸般貴格大則公侯中則科甲小則衣衿或見烏或見石其福應亦然

丑艮龍入首見巳水出入土尺五五尺有蛇應穴如巽丙庚酉辛從丁未入中五色土如圓暈一般此真穴也　巽巳丙入首有亥方峯水入土尺五二三尺有蛇應穴主驟發

丁未龍入首見巳亥峰水入土尺五三尺有蛇應穴有丑艮水必主白火石蕙五色赤土應穴平

陽有白蛇為真穴

坤申龍入首主螺螄土見子癸峯水主有鼠應穴

午龍入首見壬子癸水當有鼠蛇應穴或馬齒土應穴

庚酉辛龍入首主黃色土

戌乾龍入首金黃土有黑蚁應穴

壬子癸龍入首主黑蚁白色土或赤色土應穴

寅甲乙辰龍入首主黃色土應穴

以上格龍入首吉應

二十四龍歇氣所產應

亥龍入首前面乃是巳向盤局毫無破局的是結城其家必出俊秀聰明人才定盖鄉邦然論興慶必以龍身為主如亥脉一概到頭主子孫永享富貴右後有庚酉辛到頭謂之烏府名高子孫永享若丑艮轉亥脉必主少年蜚声科甲永享太平若壬子癸轉亥結穴行至壬子癸上主其家貧夭折風声敗塚若戌乾轉亥結穴行至戌乾上必主火災應敗若寅甲龍結丑艮净盤行至寅甲上必主火災或出大麻瘋並聾啞子孫應敗若寅甲結酉向净盤必主火燒而敗其餘可以類推

戌乾龍破局主災燒應敗

壬子癸龍破局主貧人好嫖蕩並生六指双生應敗

丑艮龍破局主損牛馬官事火災尤賴自縊人命應敗

八

寅甲龍破局主火灾聾啞大麻瘋風病或雷打而敗

卯龍破局主盜賊火災而敗

乙辰破局主盜賊人命自縊而敗

巽巳丙破局主自縊尤賴人命火災而敗巽脉多出双生兼巳一男一女合局則發破局則敗

午龍入首破局主火燒双生合局則吉坐双男破局則敗

丁未破局出痴呆子亦多瘋癱尤賴人命應敗

坤甲破局主火災命案寡母應敗

庚酉辛破局主人命火災賊盜瘋疾應敗

論龍格所産

夘山酉向庚酉辛峰水齊整後有飛鵜誥軸諸般貴格主先文後武掌兵權出將入相位列三台但多奸臣賣國求榮

酉山夘向同推　　夘山破局必招大辟　　丑艮破局必斬首

丑山未向庚酉辛巽巳丙峯水秀麗恭整龍身又帶諸般貴格主先文後武但多貪生怕死似忠非忠之臣如辛酉巽未峯起秀主出人清高隱居山林多理學公子

辰戌乾三局恭整龍身又帶諸般貴格出賣國奸臣

寅山申向局備恭整出人忠義

亥山巳向出人温柔度量寛宏危邦不入乱邦不居丑水出口多主佛子來水主吃齋

庚酉辛酉方清氣並丑艮方出人多吃齋佛子

天下八龍艮震巽三龍入中國 坎離坤兑乾五龍入外國

格龍要訣

壬子癸寅甲乙辰坤申戌乾午十二龍為陽丑艮卯巽巳丙丁未庚酉辛亥十二龍為陰凡格龍要在過峽處格定或壬子癸龍丑艮龍寅甲龍卯龍乙辰龍巽巳丙龍午龍丁未龍坤申龍庚酉辛龍戌乾龍亥龍凡行龍必要淨陰淨陽純淨不襍前去必定結地如亥壬双行乾亥双行癸丑双行此等龍前去必不結地定是遠龍枝脚二十四龍之內惟有亥卯午三龍更不可兼襍凡結地之龍行龍是陽前去必是陽山陽向陽峯陽水應位行龍是陰前去必是陰山陰向陰峰陰水應位則真否立見矣催官篇云陽山陽向水流陽富貴百年昌陰山陰向水流陰家富斗量金此之謂也

平原法訣

局法不同乘氣為主有動為生無動為死平陽水繞是真龍此言雖顯微妙難通水界氣止近水氣鍾氣來動處各各不同近南乘坎畧北即中近北離氣乘兌挨東西南乘艮東北坤通近西乘震忌禁寅宮東南乾氣戌煞莫逢乘巽西北莫轉辰風囪囪地氣就西就東物之太極一氣沖融乘得氣者永吉無凶謾推卦例莫辨金龍乘氣不真災禍無窮陰龍陰向陽向陽龍中氣难發硬且無功秀嫩活動穿西穿東左秀左結右秀右榮先觀生氣後封穴龍外乘堂氣凶煞莫逢緊動速發藏蓄福洪卑獨倚斜傾瀉直沖八者宜吉可勿終凶水來射穴有蓋可榮不須入口暗拱返榮水來朝穴有蓋返窮必須入口貴在其中逆聚則結交媾雌雄不逆不聚妄下勿功大聚大發順逆皆榮秀聚大貴藏聚富翁偏聚偏發斜聚帶凶龍穴乘氣砂

十

水玲瓏金木水火金木為榮水火斜直水城美逢巨門土勢四獸之中之秀水到何者為雄但
取先到屈曲情通逆來橫繞勿意罔功濱頭出水內雌外雄內口為進外口為通必須曲折始
得停泓蕩然直出關閉勿踪不如月池澄然一泓勿出勿入旺水可容毬抱穴場不可肤龍太極
圖墩高地氣鍾挨边挂角巧奪天工由水朝拱可得富第時師愚昧不知此中硬談天星妄說
四龍不知乘氣眼目朦朧留此真穴只點神功勿妄示傳濫受愚庸

格龍訣

每遇龍有結作以地盤在東咽處格之若正脊在子土是謂子龍為平清一半在子一半在壬
謂壬子龍為双清又如一半在子一半在癸謂子癸龍亦是双清此三龍相兼可用挐龍一半在亥
此乃八煞龍不可兼用蓋離納於壬離怕猪故為八煞先賢所忌

九宮定局訣

語君定局有玄機十個時師九不知細格來龍管入首丙丁落脉更為離或趋左兮或趋右或閃平原难以覓蕩蕩勿踪何處定只看横水向何流坎宫水近更為離右繞乾宫巽可知舉此一隅餘可識入山定局又何疑

山谷原來脉顕微劝來不必水為凴平洋脉隐須尋水兩水之中以近城市城無水有街衢隔界更分東與西有水只宜依水断來八分明不可拘両水界處脉双行當要辨定死與生取局不真星位错断來禍福絶勿灵

九宮八卦分先天佈局飛星玄又玄取局若然真正也雖非仙侶却為仙

萬物鱗鱗井市中高連屋脊是來龍雖曰龍從天上至还須傍水界來踪洋上井田分局面

谷边来脉定星宫傍水傍山神仙訣後學時師妙变通

龍局生尅

相生須用他生我相尅却宜我尅他若然生他並受尅貧窮絕滅自嗟嗟

地理尚逆故欲其生或不欲其生彼不欲其尅我必須剎換轉関序生而到局立局之法必須迎官就祿序尅而到龍蓋龍為祖宗局為身体凡局尅龍為財龍尅局為煞如金局得水龍則財祿乘旺則鬼賊相殘諸局放此

巒頭賦

夫一氣既分兩儀奠位定四象而畫八卦分為二十四山推二氣而變五行布於東西南北人金五行清者富而濁者貧山結五星正者秀而斜者賤山川有傳換之殊形狀有変更之異相尅則凶相生則吉金宿頭圓如半月木星身聳似石碑火類犁鑱上同倉柜水如波浪之動又似龍蛇之行金有蛾眉太陽火分廉貞掃蕩木辨冲天倒地水別曲浪垂廉土決几案天財又等御屏轄軸土星低小莫類金看木矅稍尖难作火取火土金星乃開窩而水木体势必結乳頭星辰端峙者為佳形势偏斜者不美夫秀龍行度先辨星形佳穴氣鍾尚洋分合抛踪閃跡变化為奇過脉穿珠相生則吉木起火行土入首金星作穴出公侯水剋火換金到頭木星扦坟出餓莩变胎成土傍遮忌見木形過峽如金來從宜生土助文曲來龍木結穴

相如一舉成名廉貞作祖土為孫王愷萬金致富龍騰馬躍如水動榮華從此而生鳳舞鸞飛若金城將相如斯而出分枝劈脉行千里浪動平行伏節聳峯擁萬層燄尖高卓寶蓋華蓋入穴富弼藏位可期極星帝星來龍王旦科名可望一纏特起猶如大將登台諸曜拱迎儼若雄兵屯衛雌枝低小脆嫩必然金水而成雄龍高大嵯峨多是木火而結主山低小偏宜父母高隆穴處孤單最要案砂塘助水龍金穴泄氣力輕火到木迎助元身旺土体方正貴在坤艮之地決主生財木星身聳喜出震巽之方多能致貴離宮火宿名坐木垣兌上金星体居原位木生於北子入母宮水到艮坤身行因地水澄坎上雁塔題名金秀艮方蟾宮折桂乾方水曜御點朱衣坤地金星宮花揷帽木雖端秀得滋土養愈為奇水既曲流遇木泄土何足羡土居火地白屋富翁水旺金方黃堂顯客金居離地財敗人亡木竦兌乾男孤女

寡火在坎位橫事常遭土居巽宮瘟癀頻染坤艮水星定生愚魯兌乾金像必出賢良火東木南土西金北被泄減力勢生可延土主火賓富齊倚頓金山火案貧比范丹水動木清智過顏子金斜木側巧並公輸印財得位者興家刼刃相逢者退産山結金星要明堂寬濶流神喜見土星穴成木体宜水法之玄水口要生金像獨木倒地孫露無生卑金在洋零散為死土宜方厚身怕欹斜火喜秀尖頭斜必為軍伍水宜湧動腳擺定出顛狂星貴端正秀明龍取超特迢遞火狂木廢家遭回祿之危木寡水多人被玄冥之厄金如破体女怪月下之情木若斜形男戀陽台之夢金角出火尅子害妻木頭帶金敗家絕嗣金星融結三方忌見火明水宿聚鍾四正怕逢土照土畏木神作合火愁水宿相冲土金火而人豪火冲金而女寡火遭水尅逢土定是鮮神木被金傷遇火乃為救主土見木位是殺八方喜見金未水居墓宮為殃四

畔愁逢土出殺衰有救縱然三合也無災主弱見恩雖在四沖亦獲福金低水高應有禍土上木下不為凶殺少救多反為吉慶泄多補小吉作凶危水七火三遭官啞瞎土八水二頻痛麻瘋多火單金貧窮徹骨二水一火癆瘵纏身木盛遇廢金豈能為福金旺遇衰火未可云凶火旺水清公私攪擾水強土旺淫乱風聲金得木為財金見火成鬼土得火為父母不生火為子孫山頭有意各金星辰体勢無情不結宿曜凶山獠乱縱然屈曲何奇惡石峻斜雖有灣环何用龍無起伏倒竿樣子孫敗絕離鄉穴少分合覆杓形兄弟窮貧散外攞旗拽袖翻花之龍地簑牽藤花假之穴或龍單而無從穴弱而露風下砂反牽朝案欹斜此等貧賤龍脉必主敗絕子孫山谷之龍一起一伏平陽之地相牽相絆荷葉金盤乃作金星亀魚蛇蚓即為水曜橫板平牌認木無異鋪毡展席認土無疑火若拖槍尖如直筆或開鉗而出口或起穴而發窩灰線草蛇

高低尺寸盞酥雲騰上下分毫且夫砂法之橫欄龍神必正水城之灣遶氣脉定鍾釜頂盂心則英豪之子頡出魚腮蛇頂則俊傑之子挺生高處点穴決産富翁才子平陽起穴定育貴子賢孫無穴無窩不堪勞想無根無蒂何用斧胼五星禍福既已詳明九曜吉凶亦當理辨貪狼如頡筆武曲似側盤轉曜見覆鐘廉貞尋破傘破軍儼似棕梠葉祿存猶如破衣形弼星彷彿鋪毡文曲依稀撒網其或巨門体勢猶如半月弦形武曲取窩弼星取角貪狼結穴父子接踵在朝巨門到頭兄弟聯芳拜職武曲艮坤脚踏鰲頭文曲壬癸身登鳳閣貪狼居金地枉費青燈巨門到木宮徒觀黃卷破軍兌位必配邊疆廉貞離宮定遭瘟火祿存破碎廂邊遞掄雀薦文曲擺斜桑下戲金胡子輔秀得福弼斜見殃出陣貪狼行龍決是狀元之地歸朝武曲作案必生榜眼之人文曲遇祿存風声破敗廉貞遇武曲瘟火退田破廉出起祖之東西準擬內侯外伯

輔弼居朝案之左右定主前文後武廉火換金子孫飄蕩祿存輔水家業消亡巨門南地位列鼎台
輔星入首弼星扦定有公侯之可望巨門行龍武曲穴是非三者之难圖水口羅星形成九曜穴前流
水体結五星金曜灣珏抱身如帶木星来去对穴若繩一字平横名曰土体之吉屈曲暎作水城尖
角歆斜火星体勢金出富貴火乃凶科水主荣華木乃悪煞土星推斷此星中平陰地以緊
湊為奇陽地以寛平為美山秀水深堂局大久居富族名家龍孤水淺地局畀暫住小人陋室
認星辰則陰陽二字無疑觀形勢則聚散二字宜識星宿已詳穴結可定勢順局逆直正無疑山
直穴横的當可取支龍入首氣聚於顛壠龍到頭穴結於麓水星成龟蛇二体脉鍾顙肩木火
分男女兩形氣聚臍腹金為禽舞或翼可扦土像獸形或鼻或腹可取金間有水窩内為奇土腹
藏金鉗中為美木取節而有氣土扦角而得生或棄土而尋金或換金而剪火陽龍纔止順

杖而裁陰脉直来逆杖而取横担横落急取毬中直遠直奔粘寛簷内盖粘倚撞金木二星可扦水火星辰撞倚粘穴可下土星端正盖撞情真穴有三才天地人取經云金木宜下四穴法水星粘撞倚為良水火不取當頭盖土耀天人二穴詳星穴喜分玄微証佐細看上分下合斗口金魚當詳左翼右窩蝦鬚界止毬簷上下明暗東西定十道之分明審一穴之的堂穴處高低切忌傷龍傷脉棺挨左右須當就氣就生四山高而穴宜淺八方低而穴宜深陰以一合為憑陽以二交為度壠龍土厚氣沉可深支龍勢低氣浮當成高低尺寸規矩權衡穴法既言剪裁宜定山川無定人事有制方不及者則當擁培有過者須当裁減或基地而成河沿或積土以作墩堆經云融結在天必假修製在我天龍莫損合理須為山水裁修須當推論若明砂法須辨性情向則如臣面君背則如讎見敵向者為吉背者為凶三方吉峯堂堂授職忠臣報国四畔奇峰直巔巔為官

濟世安民几案橫欄名題虎榜筆山尖聳身跳龍門旗馬甲盔握三軍之武士樓台殿閣鍾
萬石之名臣太陽太陰照東西瓊林身顯天祿天馬分左右翰苑名揚文士近財官々居一品貴人
連祿馬位至三公行龍死賤帶刀鎗代々有梁上君子列頭生旺朝筆架世々生賣桂文人貴人
正而祿馬偏守節牧羊北海主氣强而凶砂見出人綦虎憑河旗聳劍橫囊砂傑將筆低
案小終帳騷人玉帶寬旒澤水釣翁逢漢帝兜鍪旗鼓南陽隱士遇劉皇印劍香炉神
祇巫祝鉢盂錫杖舍利浮屠龟甲銅錢青印授案葫蘆葯鉗橘井傳方筆斜案偏丹青
畫士財卑祿薄水陸工商角尺鉗鎚諸班工匠錫牌藤棍襍賤官員砂脚擺斜駝腰跛足
墩頭破碎瞎眼傷胎体勢歪斜而混襍內外人倫無序星辰端正而清特尊卑禮義有
全舞袖斜身男子好蕩赦花露体女子貪淫白虎身上一峯生女傳淫慾青龍体上無凶出男

立綱常禽獸守門貴如錢起龜魚上水賢似馮涼文星武星案東西奕世威揚四海天乙太乙龍
左右歷代名播萬邦真符真武列墳前管取烏紗冠首卧龍卧虎捕水口須知玉帶纏腰
祖宗到貴而到頭孫堯帝座丹朱之不肖來龍薄而穴又厚瞽瞍生虞舜而有賢金樓玉鳳
來山蜀中之龍齊出華蓋三台列向河東三鳳並生穴被風搖少年必損主揮漢表三壽可增
印笏圭璋青雲得路誥軸金榜黃甲有名前嶂後屏才壓天下東箱西庫當敵江南寶
蓋朱簾薦官加極品金箱玉匣家進萬金貫玉連珠資財滿室重屏列嶂朱紫盈門有貴無
財趙忭彈琴入蜀有財無貴石崇萬室藏家文曜近案二六甘羅早第貴星遠隔八十梁灝晚
成半月向金龍宿瘤女人再出太陽朝玉馬禁鶯謝琨復生龍口啣珠長房富貴虎頭帶庫幼
子財榮龍虎比和夷齊謙讓東西相鬥普郎爭論虎利沖坟男有鼓盆之嘆龍尖射穴女誓

北舟之詩水走山飛離鄉背井山欹案返退產破家鎗刺胸前頻遭死法刀生腹下常見橫亡負帶
提包求衣乞丐披蓑頂笠寄食從人砂返水斜不孝逆子龍拳虎踢悖義凶徒砂如弓樣返牽
家扦別處墩似人形順水客死他鄉利劍鎚鎗充軍守戍牢獄枷鎖犯法徒刑諸砂逆水進田
家水傾流退產文筆震巽少年一舉登科玉帶艮坤老景三場必中印方像土若生東地豈為
官珠圓類金如在南方安得貴倉庫居木位或財須與辨殘在火方廢興容易財庫俱俻龍
賤亦貧筆印兩全穴假不顯堂中最嫌水直穴內大忌凹風隨龍水会穴前喜其大聚夾從山
交水口貴其總開明堂有坪者富貴千秋水口無關者窮貧一世大忌明堂陡泄務要寬廣
平圓最嫌外水散流惟最深情曲怉心沖射脇男女傷亡割腳穿身家業退敗捍虎捍犀
鎮地戶韓愈名高仙橋仙鶴應天門壺公道重橫踞虎勢所喜天外關欄仰臥屍形最

忌坟前出見莫知何方凥出當推何命人殃震兑方未擬是木傷刀割乾寅位出必然天打虎傷其或在於艮離定是遭石赴火若然居於坎巽必主落水上繩刼殺臨位主傷財刑害刑方必絶嗣子午卯酉喜星見鼠馬雞兎四人業乾坤艮巽悪形臨猪蛇猴虎四人辱此理必然自當審避秀遇三吉之地應喜弥臻凶在四冲之方為禍立見推太歳何年到断禍福何年未必當納思目宜細察大抵未龍踴躍雄壯結穴分明水喜如帶抱朝砂貴若弓灣抱向對宜峙峰之秀麗明堂要蓄水之聚疑羅城排列以週迴水口交牙而牢固三陽無陷穴建有情四神聚会者信是名山八山到迎者誠為大地至於龍孤穴寡水直砂飛脉零無聚水呂潤低此等凶形必無秀氣歷觀各郡之名墓以驗後人之吉祥艮宮太陰補太陽新昌何公居太保兑地金龜朝玉印小江童氏出神童灵栢列九象之排衙太宗名門多將相瑞竹有三龍之

十七

聚会當年昌宅發公卿睡龍水口数金魚里中許公為學士飛驚向案双玉甕南朝黃度拜尚書葛池喜龍穴之相生雪溪董公居烏府蟠龍金星形之正氣華堂黃氏任黃堂蜈蚣乾金玉印拱云仍属後高科龍蟠兌水笏星朝後裔聯沾恩沐荷拖出水屡任刑部秋官丹鳳冲霄長為名郡二守近今名宅吉地难以悉奉以此騐之捷於影響學者熟玩於心感應於目專看結融為主星砂為用地理玄機自然明矣

三陽無陷巽丙丁方無陷缺有峯尖聳主貴 六建有情 天建亥地建艮人建丁財建卯祿建巽馬建丙 六位峯水有情為吉地 又有鬼建盖建者乃地之凝氣死墓二位是也水来主抢賊盗出入鬼相又主腰疾死亡夭折即天罡水

訣曰鬼建之方山水惡刧盗年年看 若还朝水入明堂瘟火血光傷 四神聚会乾坤艮巽八皆有峯峦聚会 八將列迎 艮丙巽辛兌丁震庚有峯排倫大貴又土星乃五星中之尊帝座是也

天元一氣寓形論

盈天地皆氣也而行乎山適乎水有升降变化之機不同者非不同也因流峙之有形而氣以随之亦理之自然也積而為尖圓端方聳直湧動之象降而為飛騰開展卓拔擺曳出没起伏之勢大而至於摩空限陰小而至於潛踪匿面而其氣未嘗有間於其中也氣既囿於形形能变其氣形氣感應而吉凶生焉形象萬殊應随其象故形吉者氣亦吉形凶者氣亦凶形舒者氣亦舒形暴者氣亦暴形一者氣亦一形乱者氣亦乱至於清濁貴賤剛柔邪正可類推矣然以其形察其孰陰孰陽審其孰聚孰散明其孰浮孰沉解其孰真孰偽非深知者不能也蓋以動静之理言則水動為陽山静為陰以險易之理言則夷坦為陽崇峻為陰以情勢之理言則開聳為陽局維為陰抽息為陽硬直為陰面踏為陽背負為陰其形之正聚也則必立向背之情分開闔之体何以為開窩陽

是也何以爲閤乳陰是也蓋形開則陽發於外其氣浮故屬陽形閤則陰畜於内其氣旣故屬陰陽則淺以乘之闔則固之陰則深以取之闢以通之夫陽結之屬其形爲仰窩爲承掌爲先覺爲偃箕爲垂坡爲窄鉗爲傾壘如玦之垂裳如月之抱魄及靨隱漚浮趺盤袂斂脉離淺流突臨平盪此皆陽聚之結也陰結之屬其形爲懸囊爲垂乳爲墜鍾罍而肤偃而凹萌如牙凝如節及駝峯鶴頂龍額蛛腹鮎唇馬跡龜肩牛項此背陰聚之結也若其落其平陽經曠野則全屬平陽矣何以言之蓋勢平流緩脉浮氣淺有水以比之無質以累之其爲勢也長若垂虹走若擺蛇橫若衡平灣若弓滿飄若遊絲直如玄滩方如鋪毡圓如荷貼宛如龍蟠回如鈎曲其形之顯也如龜鱉露泥魚鳧落浪蠔負蜴身肉垂蚌口此皆妙聚之形也若其勢趨田疇行無定踪落無的脉其當察其特小或拱或收如魚鱗之參差波瀾之層疊及圓如珠網轉如象鼻蟹鉗蜈口皆浮陽有

氣之聚也然必外流交抱以山之或朝聚以成之心融理會斯可得矣

右有達僧問荅難抄暫繪陽結陰結圖於後

司馬公姓劉名潛宋哲時南康府人遁卅為僧直號頭陀達僧問荅發祥皆葬經旨趣僧死竟失其傳前明寺廢遂得此於佛腹中予族始太祖妣耿氏係仙師葬現碑石與譜墟並載劉仙師名目

趺盤

仰窩

仰窩之穴不開方圓尖聳但要厚重面豁窩淺唇兜背圓為抄結處愈高力量愈重勢平力均取中正為的後峯仰則難窩為穴急則中心為穴勢偏重則挨盛處為的腦重窩深皆為虛也

承掌

入首不起峯巒作仰坪名曰承掌要厚重中漸微低而勢圓者爲妙如勢長未豐則蘸低爲穴後逆前長則出窩爲穴取及不及爲的壁立峯間忽生兜凳以峯濶厚爲奇凹峯落者爲更妙如屏者主大貴蘸唇下爲是須要背圓唇兜亦取中正爲的又名灯搭穴

兜凳

此是凹落更妙

批明在上

偃箕垂坡六圖

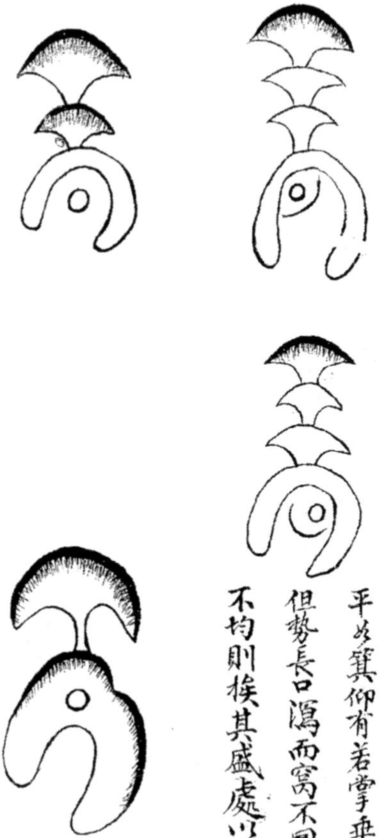

平如箕仰有若掌垂高山平處皆有此結但勢長口瀉而窩不圓耳均停則醮窩以為穴不均則挨其盛處以為的也

垂坡之勢々傾而豁左右均齊當取其中股勢不齊當取其盛大及長宛處々為的或有左無右有右無左當此曲轉為的蓋坡結之勢傾爭中氣切不可犯當讓其急直用破實就虛之法方妙但欲上寬下狹為真龍側來者則氣全中頂不分亦取中氣為的如股直因有內地者推出就陽亦是妙結

二十

九井曰垂坡者乃主星順坡而下垂為山坡兩边微高中间如仰掌微窝依雖非開窝頭濶大陽窝之体也

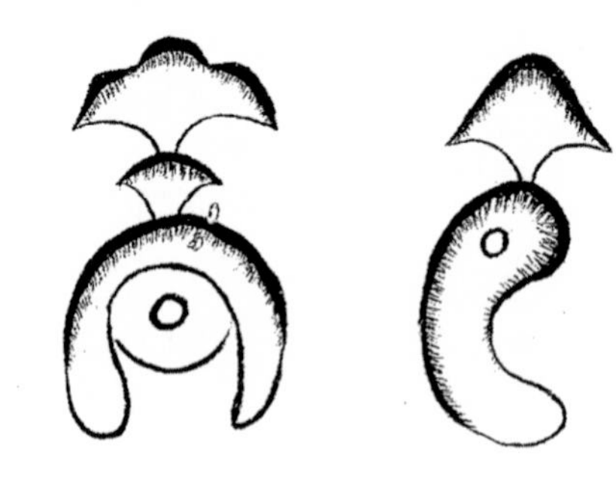

蟠倒

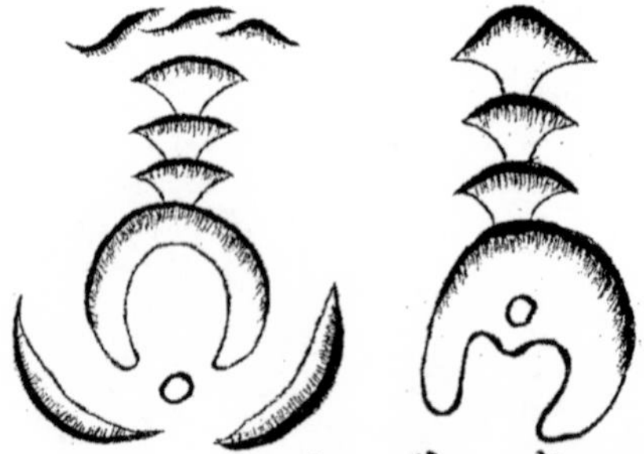

此垂坡面硼旦蕩山處微歛勢下聚於合口若口狹名為玉尺法当懸空浮起立穴接双脉之氣下作暗溝放元武水為連枝穴要穴前有微流攔截為真

此垂坡蟠倒取其面受勢自臂末不為分奪当以中正為的也

蟠倒左

窄

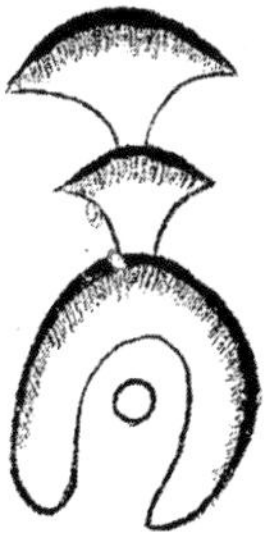

鉗

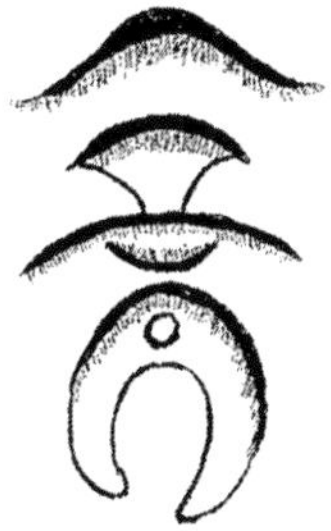

蟠倒右

左右蟠倒垂坡其中雖有坪雖作窩陽之法蓋肘臂抵過若有流動之勢当以漚為的乎此乎多虛耳右主力重而臂力輕当用鑿培植而取其聚也

垂鉗者以其開槽淺挟力重於坡腦丰股盛者為真腦弱股輕者乎氣若勢均力停当推出槽開處下穴以讓急避直為真又氣中氣為是

二十一

此皆窄鉗腦勢仰緩当取其將分未分處為穴以鬥急奪緩為的也股臂不均当挨其盛處為的左右皆同若龍側來者則取中氣為的

傾壘

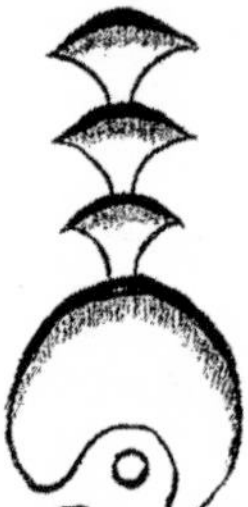

吊脉如垂峰傾下者為傾壘側爵宜当浪急為的

半月

峯如半月而兩角灣向中有餘氣如抱覗其主峰高重当以平中至正為的輕則離平為的

漚浮

漚浮其氣绝也澗面及肤浮上皆有之為天然之巧切不可伤破粘而穴之為妙

玦裳

如垂玦之衣裳者取其陡壁之中有因礡当以课急為的

靨隱

面隱是有氣息處不同圓峰澗面及肤乳上皆有之為天然之的绝無而绝有其真多則恐是虛浪

趺盤

主峰高圓重厚下有衣裙如跏趺坐者以中正為的犹仰窩体之结也

袂斂

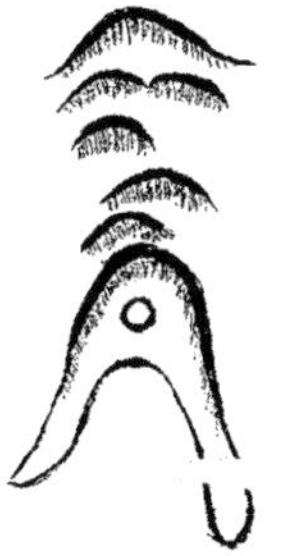

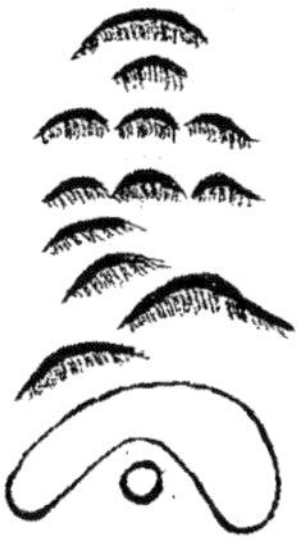

袂斂之穴為外散內聚之结盖入首開坡而手足流動外堂若散內观斂聚此最為撈處当就其斂口為穴偏斂則換其偏

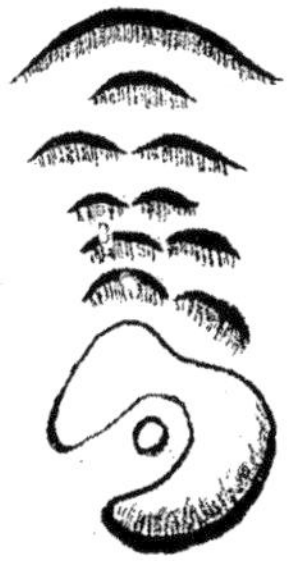

九井曰袂斂者乃兩袂相斂故其象為內聚外散然亦有圓抱而斂者則外堂亦聚也

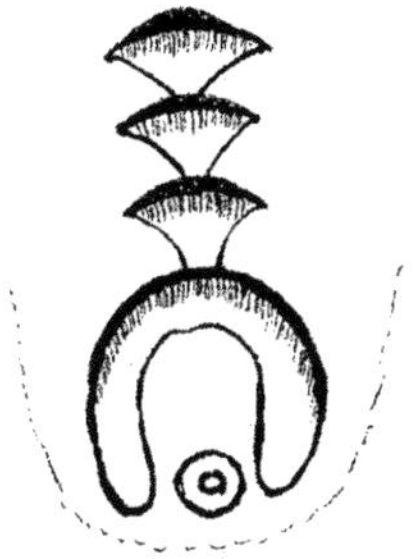

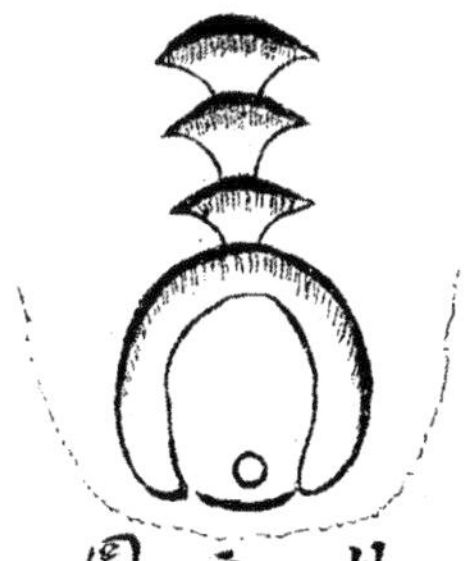

此正斂穴水有蔭腮復有餘氣而散共可就斂口為的放元武水兩边过去為撈又名含珠穴下圓此名正斂口外有餘氣圓结復有界水共可於含外立穴名為吐珠穴也

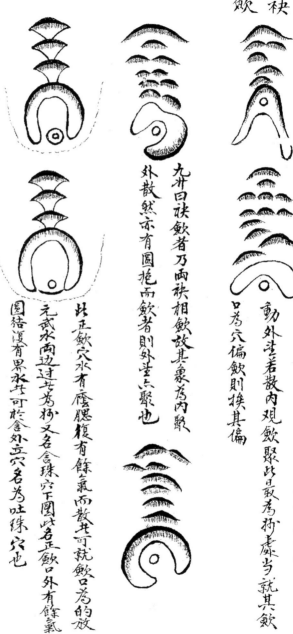

脈醮

脈醮之穴與動息相似而少有不同者落長而動微有應腮水以隨之也宜頂脈醮流以為穴然流軍隱然而不深者為粉也蓋此穴乘氣最微取其合流相成變為陽聚若界流或斜偏深淺不均皆為虛耳

陰結之屬凡十有五

突臨 懸囊 墜鐘 豁肤 偃突 萌芽 凝節 駝峯

鶴頂 龍額 蛛腹 鱣唇 馬跡 龜肩 牛項

突臨

突穴本陰取其下有因褥亦是陰變為陽宜就茵褥立穴

此平未硬穴而有茵褥立穴法與上突臨平蕩同皆取其讓息避直以為的也

懸囊

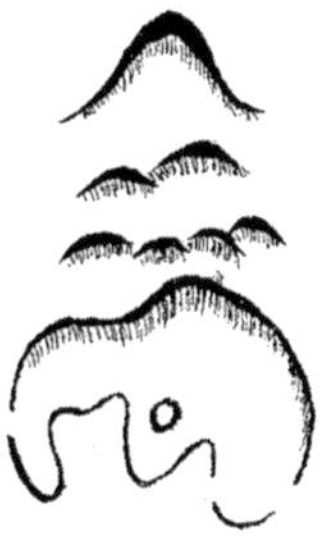

凡陰穴欲其如懸囊垂乳或有鍾畜勢也垂長者為囊短者為乳偃濶者為脉當於其落脉分奪得勢若從正峯上落其力不及於垂處若主峯低弱其力能及於大處者在の處落力即在於處垂此穴力之及與不及為的若垂重太重則其勢必反於愈低以三隅反可也大都囊乳以復有仰瓦者為直有撐者恐是橈棹勢分為虛矣

坡在上

墜鐘

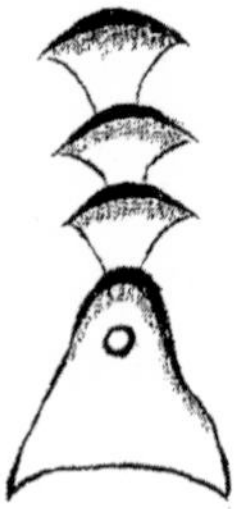

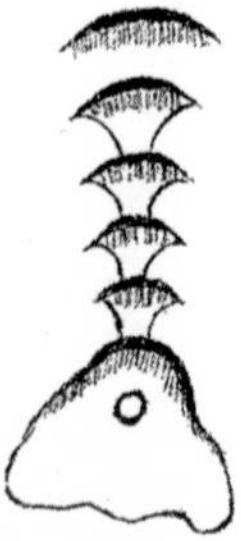

此穴观三停脉後項小当以门後奪總為的
若上則急大甚当以剛柔相濟為用

豁肤

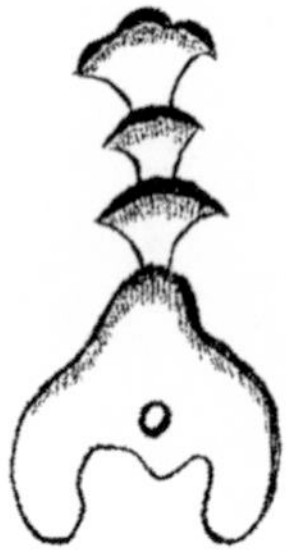

豁肤之估雖形廣勢𫙰而形勢直者受氣最多当取其至正至中處用隔闘法取之或以形傾勢閃或以水流緊急偏側為的若乳肤之穴而内無所蓄者如劍脊如梆葉如垂帶如箭桿如鼠尾或斜或曲及死而無動意活而無情皆受氣之形也

偃突

偃而為突与動息脉有不同者多出於平坡及低阜隱隱漸隆奪從以為的

萌芽

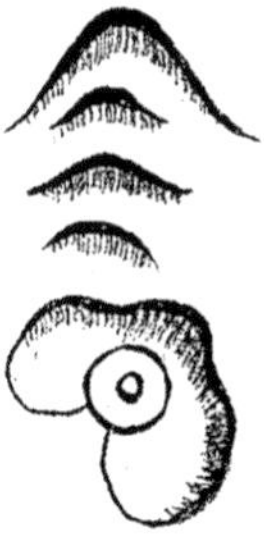

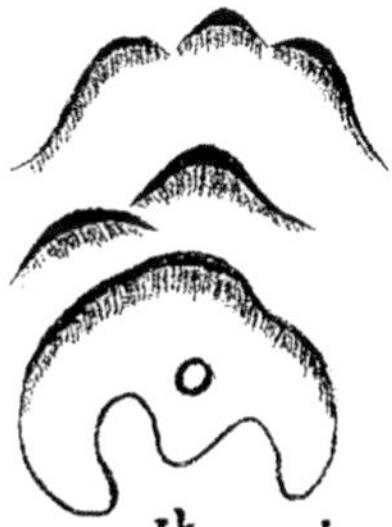

肤穴结上有歇凳者以息處為的長肤穿肩上聚者以護翼其梁上為的

凝節

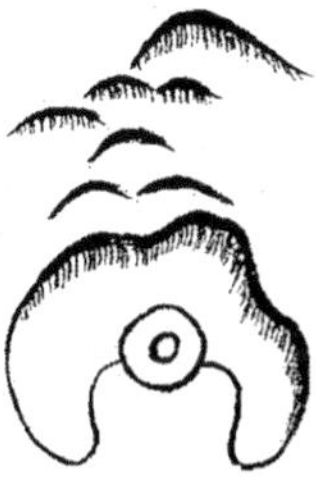

二十四

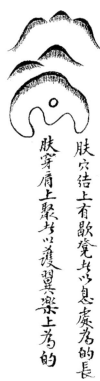

節芽之穴於擺動處有之或录臬中有之或硬直中有之此以節脉顯然為的也夫節脉之穴故不喜正落蓋所受微而腦氣多側落則勢大胀囊蓄多者不畏然側落者後力大

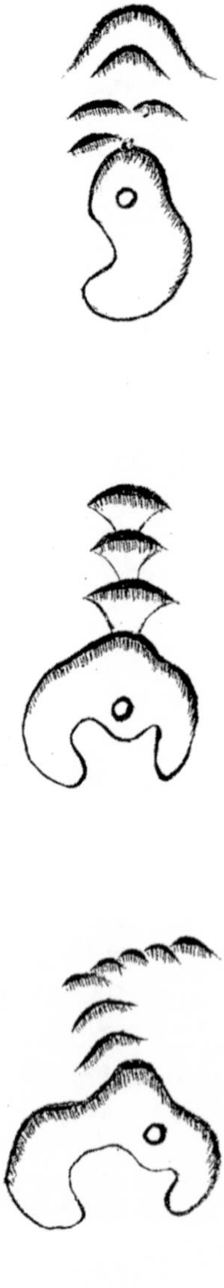

九井曰節芽者是穴星上微微吐出小乳如木之萌芽將節也此係真之生氣發露處宜細心求之

駝峯

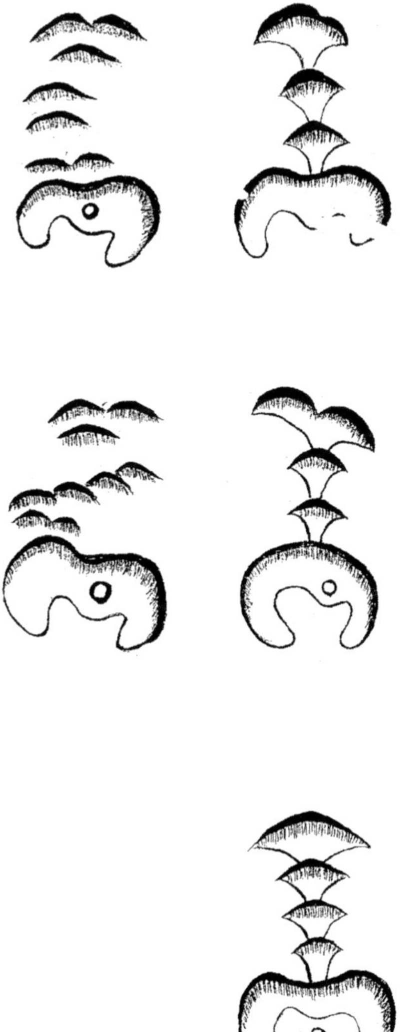

駝峯穴者过四结也要向踏背拱為真若是飲頸為過山不葬以腰短為抄此俗所謂天財是也若中微有節脉則就其顯然為的兩峯中有埠則变為陽结脫落就平以受兩峯之氣更妙無節芽就一峯均停者取其中氣為穴若背面不分是為過氣裁之則凶若來高去低則挨來者為的來低去高則微挨去者為的

二十五

鶴頂

鶴頂之穴盖元武嘴尖長聚於項者当取其影異應護為的也

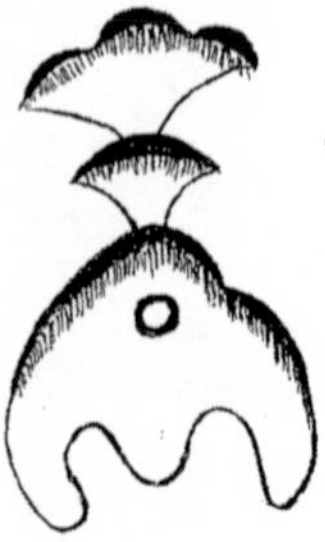

龍額

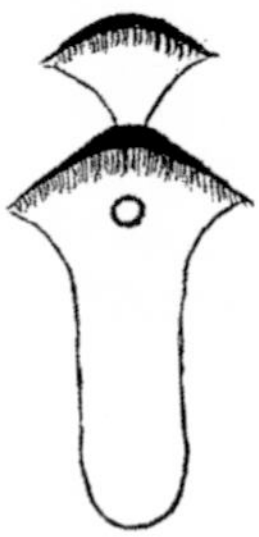

龍額者似囊乳而非囊乳実大肤長向濶而上隐下隆上輕下重最為蓄聚真臭額吉昌之象也当取及角不及以為的

蛛腹

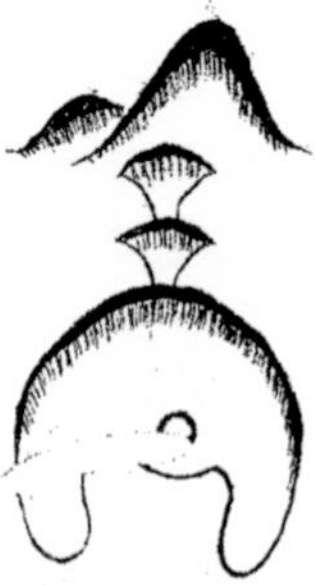

蜘蛛腹者取其圓胞有鍾蓄之形也此皆以中氣為的

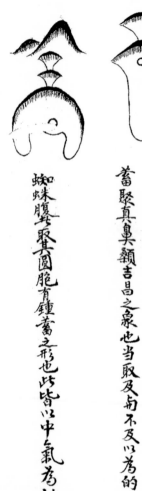

鮎唇

鮎唇馬跡取其平緩於正處有圓唇及收者有蓄聚處也隱中有顯模糊中忽分明宜以中正為的也

馬跡

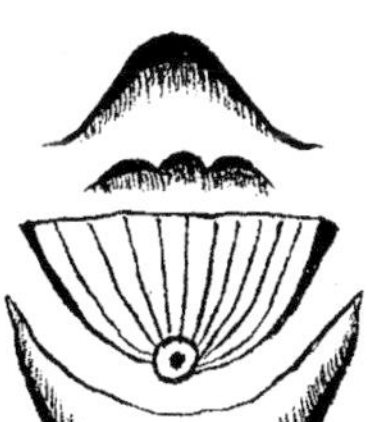

龜肩

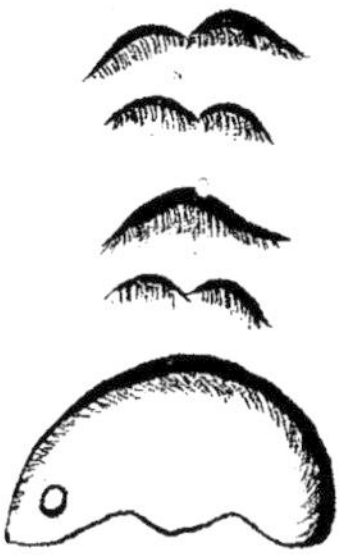

龜肩之穴取其頭顧及如鵝頸抱者取其開處為妙或動急處以為的

牛項

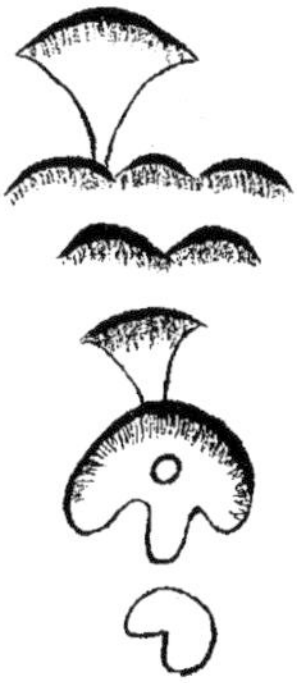

牛項者取兩峯騰踴頸頭濶縮故氣聚於肩項若頸長而小則流行於前矣此以力之及與不及為的

平洋之結凡十有五

虹垂　蛇擺　衡平　亐滿　遊絲　摠弦　鋪毡　荷盤

蟠龍　垂鈎　鼉鱉　田魚　鳧　蝸

虹垂

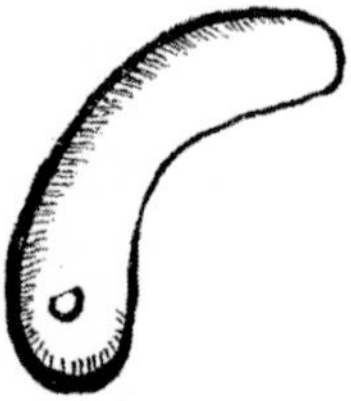

蛇擺

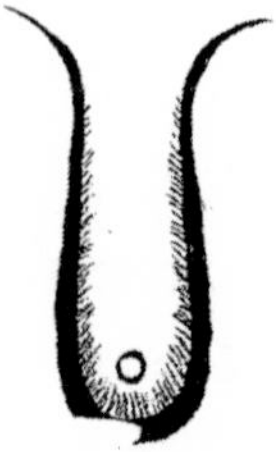

平洋之結本難以形求然不言其穴畧則如捕風捉影矣其勢如虹長如蛇之擺不生枝脚实為全氣但欲山處隆豐潤大或露蝦鬚或開虎口或吐微舌或鋪餘茵外氣攔截面寬腰環應案奇絕最為綿遠之上結或以至中至正或以讓急避直為的若徽首尾皆瘦硬如鎗頭笋稍鱔頭鮎尾及不生茵褥者皆不蓄之形也

衡平

弓滿

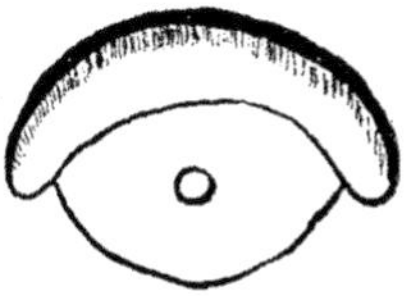

遊絲

拽弦

横若衡及琴者取其氣盛鍾於一頭或未小止大或如覆舟皆当取其盛處及微有泥釐爲的如拖負碍出脉结穴尤妙若或平洲曠土有水抱以成圓坛者皆中氣有聚当以意悟而难以圖取也

弯若弓者要弓内有肉地或吐圈舌或搊轉一頭背厚者真瘦薄者假其中茵礴裏者爲龍腹穴当浮陽至中至正以爲的搊側取搊處水聚爲的出脉结穴尤妙

遊絲拽弦最爲奇但要远勢横潤不致是面展而出爲妙或起大堆潤洲平阜而有此脉力量尤重但要搊截處又復開浪而结尤妙

二十七

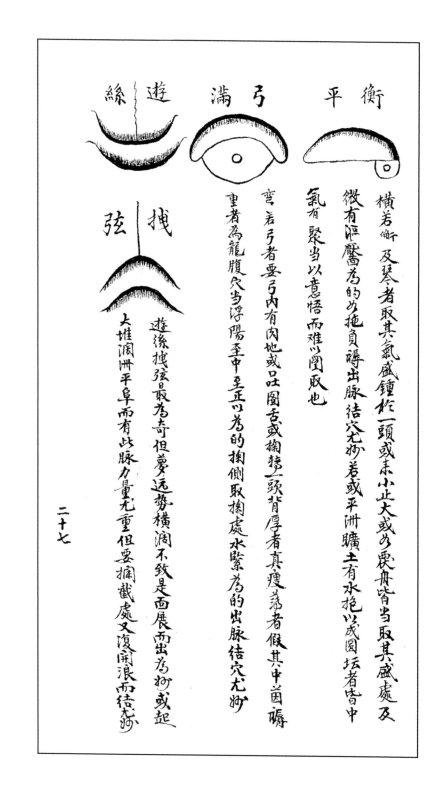

鋪氈

濶如鋪毡中隱然若低者佳中隱然隆高者罕得或鍾正中之氣当取中正為的

亦有偏盛於角者当以外局參證註詳之

荷盤

仰如荷盤欲其圓而大方妙若圓而小則氣微而乘載輕矣以微高傾前者為勝四平

者要應樂周旋及微堆映帶者方妙最要外氣朝聚或弓抱方美偏則以依從中正為的

蟠龍

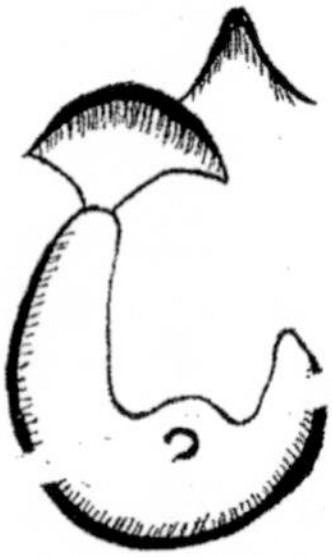

垂鉤

蟠龍之勢垂鉤之穴取其回受方為全美

以其盛處為的或以其攔水繫處為的也

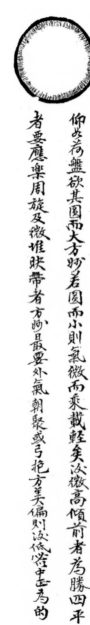

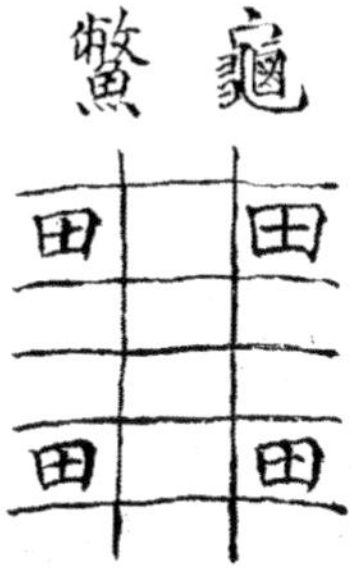

龜鱉魚鳧蝸蚌此數者皆平洋顯然洲堆之結也欲其子而及首裙閑餘氣趋上流者方為真耳若顯然高露孤硬無面の圍斬截皆為應樂鬼氣之結也若高濶中而有弯田或小堆而撤坪濶者皆妙

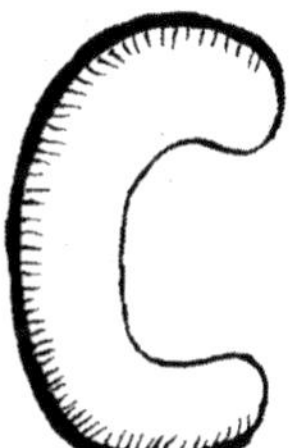

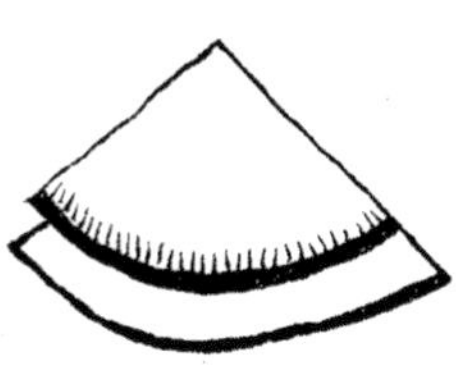

九升田楊公去平陽天地人不識或在沙洲角堆積此數者乃沙洲堆積之結也

二十八

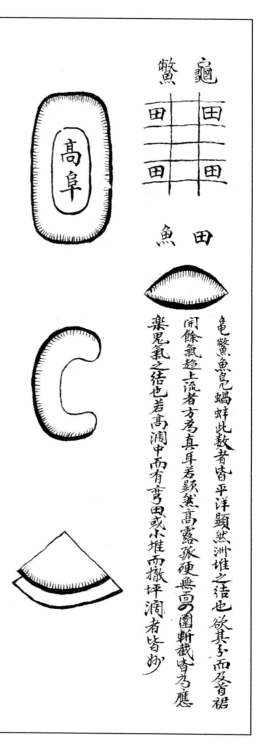

平田之結凡十有二

魚鱗 波瀾 珠網 象鼻 蠏鉗 蜈口

乘金 湘水 穴土 印木 開金

魚鱗

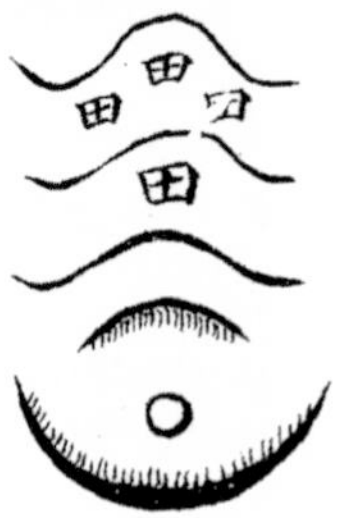

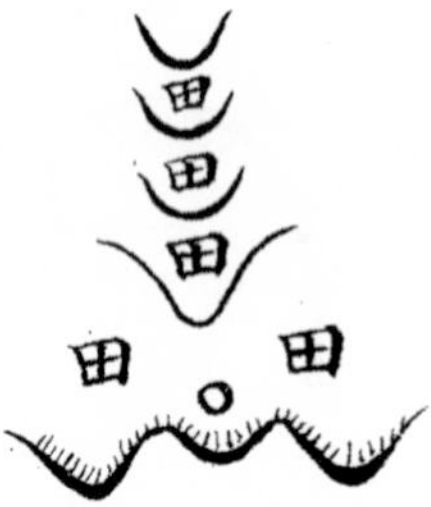

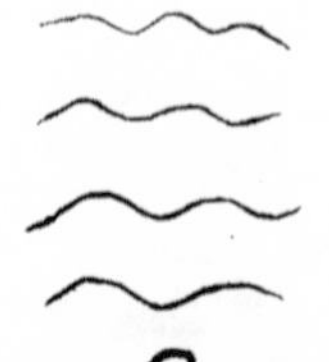

平田之结当看田埭 横势有拱送及有返收圓兜者為朳為魚鱗處小復闹鉗口者漸小而復闹圓浪者處至於小不復闹大則多氣耳 波瀾層疊而有圓收者皆為有氣之勢也有拱送而無反收或垂留脚或闹大鉗前有閃截朝聚当脱落以乘之其 旱有收而無拱於收上至中以乘中以護翼影映為出入之的

波瀾

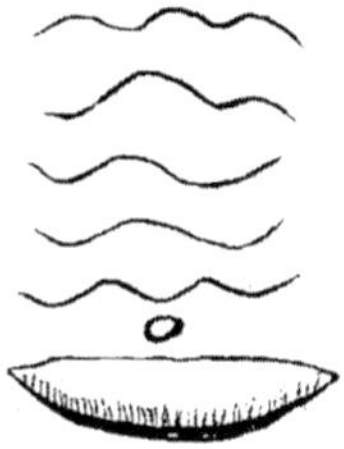

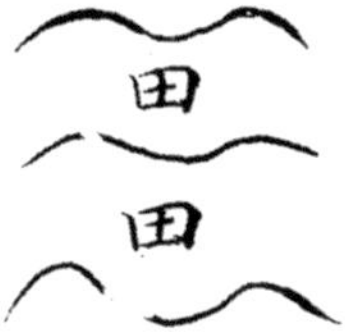

有收多拱送於收上中正處以護翼出入為的也

蛛網

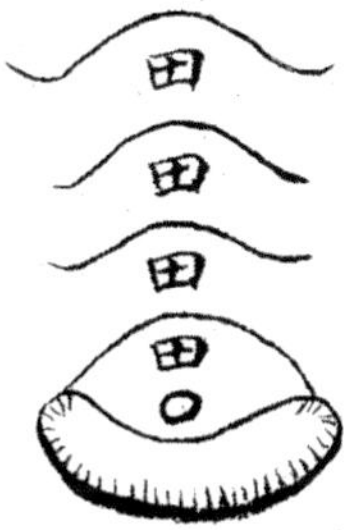

有拱而來止處有反收圓唇者真如蛛網之聚於拱收之穴

象鼻

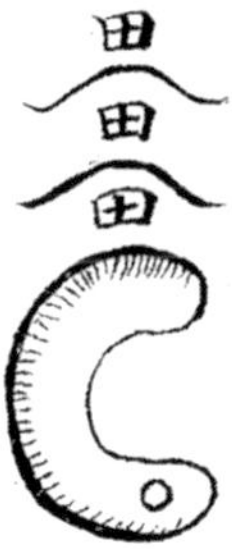

如象鼻者當取其掬水緊處為的或盛處為的

蠏鉗

如蠏鉗者當於側眼處乘風仍以水緊挹處為的若其勢均坪停汶勢涓大者當取其中正脫落為噴唾穴

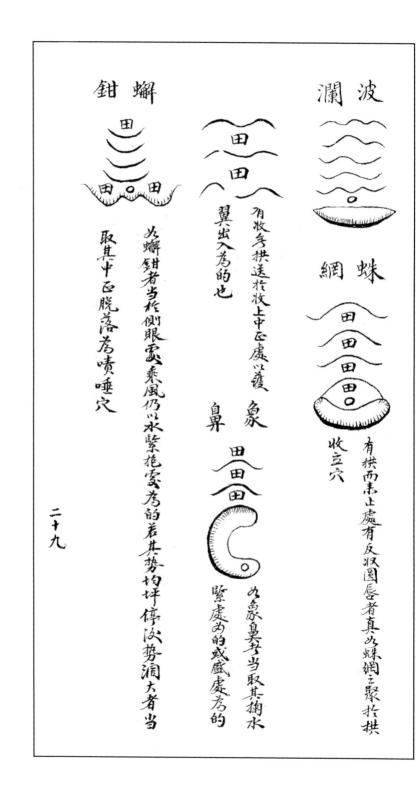

蜈口

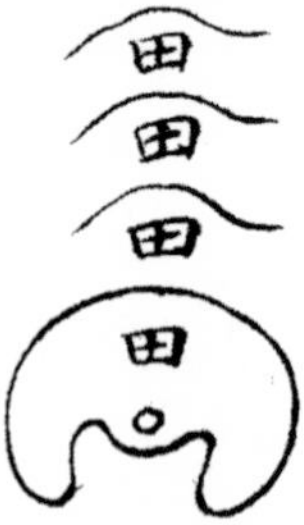

勢如蜈口者離弦乘氣口濶者脫落乘氣

湘水

傾波必須平作湘水棙輿上巴平作圓拔子口為湘水

印木

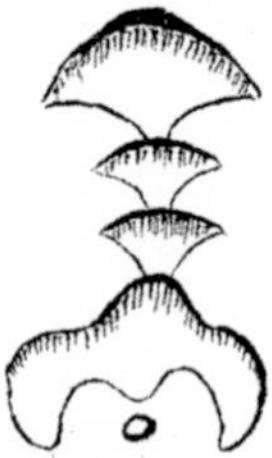

乳木輕小必印木續微復接前迎因山續脉是也

乘金

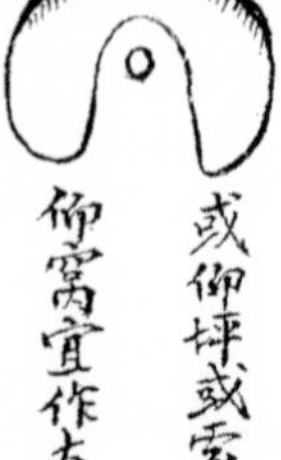

或仰坪或覆釜聚者或仰窩宜作大堆為乘金

穴土

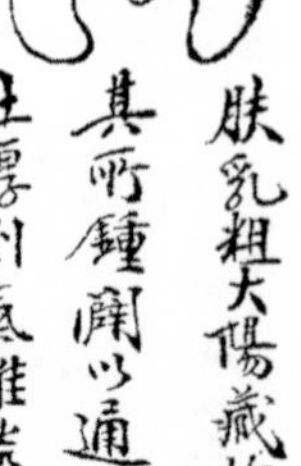

肤乳粗大陽藏於深必深出其所鍾闢以通之不必培土土厚則氣难發矣

開金

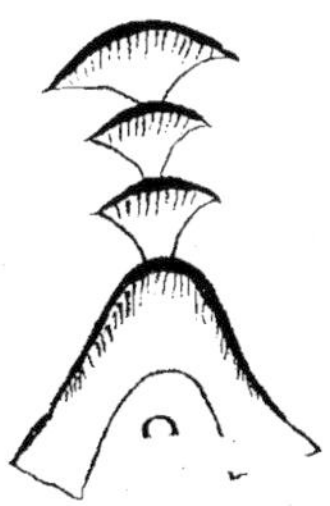

此聚潤勢寬以破實就虛取之大開圓口於圓內正中浮薁以交陰為陽妙法
作用開鑿有一定之法融結無一定之形可依法不可依形

陰陽二結發明

或問司馬穴法謝廷桂以為怪穴而今收為結作部不可收入怪穴者何也曰陰陽二結俱係結作之尋常並非怪穴而彼認為怪穴者由其未嘗細心穴其形穴也其種名也粗看是異究而言之不過窩鉗乳突四者從四者而極其變化耳仰窩者即開窩也承掌者坪中結穴如掌乃平淺長窩也兜凳者山腰結出仰窩所謂挂灯穴又名馬蹄凳也偃箕者窩之不圓而長者也垂坡者窩勢潤大平淺開而傾者是也蟠倒者山之逆轉開窩者也牽鉗者鉗穴也傾囊者如酒爵傾酒向下窩之峻而倒者也玦袞者如玉玦挂袞乃峻而開窩之之最峻者也半月者上頭開半個窩也隱者微凹也漚浮者

微突也跌坐者多裀褥之仰窩也袪斂者開窩兩手流動者也至含珠吐珠二結則由窩体平仰而窩不生動或取窩之微泡或取口外之茵褥也脉離者大窩之內有一脉自上垂下直至臨弦而結者接脉下離水故曰脉離也突臨者陰突太硬粘突而扦其褥也懸囊者即乳穴也上大下小曰乳上小下漸大曰囊又曰懸胆也豁肤者粗大之垂乳也偃突者秀嫩之突也節芽者芽乃動處之微乳節乃動處之微泡也駝峯者天財攀鞍穴也鶴頂者垂乳硬直而下者故壓煞而扦其乳根也龍頦者穴垂大乳之突起而開仰面者是也蛛腹者肥飽之圓突也鮎唇者脉未平坎至尽處微起下有茵褥者收馬跡者山鋪茵褥而褥中有突湧起皆陽中化出少陰至精至妙之結也以上陰陽三十六結凡屬窩鉗者為陽屬乳突者為陰至平陽平田則取其氣之動處其形雖不甚顯然亦不離此四者之形局也陰陽一結總不離乎窩鉗乳突之变化但要曲尽四者之变化耳

堪輿最著者曰楊曰吳廖其論巒頭或從五星九曜蓋其傳脉但從邱公天機素書來也

独郭氏以生氣言其々絕無言及者僅司馬公此书而已矣

結作法龍星 要穴部 九星穴法

道法双譚以龍身之枝幹々々结作寓形論以穴星之陰陽定结作此皆先得穴之法也而龍経則以龍上星辰定结作徃曰龍上生峯是根荄前頭结穴是花開又曰我覌星辰在龍上预定前頭穴形象又曰穴若不随龍上星定然是假不是真々是穴然以步龍為先矣雖然步龍定穴因定穴之上々法然惟幹结則穴有龍应而分臂則不然也今幹结甚希所用者俱屬分臂則其用在後故以此法次于二书之後以為決大地者说法

論九星

古人分星有以五星論者有以九星論者蓋五星前以語常而九星方極其变二者相為表裏楊公以老九星立論廖公以天擾九星立論雖命名不同而理則合一惟楊尤極其妙論龍而知穴論穴而識星々倫於龍法之中穴根星辰之内

誠萬世不易之論法故論星當以楊公為的

九星總論

九星之形惟破最多但就其易知者言耳大抵星吉則氣吉形凶則氣凶山清人秀山濁人愚自然之理也不知九星雖以之吉為貴然不祖廉貞則無雄特之勢雖貴而不顯不帶破祿則枝葉不多而無貴曜飛揚不帶文曲則就勢直急而無委蛇之体不帶輔弼則亂無夾從而形勢孤單六曜而無三吉為間則雄粗之就無停換之吉星三吉而無六曜為間則因弱之勢無尊拔之救初由此觀之六曜固不可無三吉而三吉亦不可無六曜也凡三吉星辰皆端正無足若哭而無面即為破軍開面秀麗亦為真体諸星停換過此即結經曰吉星之下無不吉凶星之下凶所存是也世人但知破祿廉文皆能結穴而不知所以結者皆停換純粹之吉星也反此必無融結

貪狼

貪狼形如旂笋左右多足經云 貪狼自有十二樣尖圓平直小為上欹斜仄不倒破空禍福輕重自不同平直即倒地木星貪狼之変体也其行就多帶祿存祖廉貞方出大貴就大出聖賢宰輔就小出神童魁元若多雄存廉貞則多威權出文章清貴之士作〻以星為貴独行孤露出神仙衰敗則出巫覡

尖貪為文筆

横貪為金璜又為玉尺

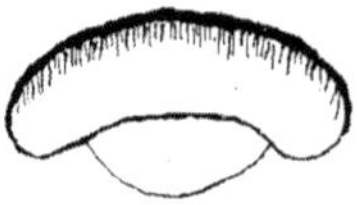

圓貪為圭璧

小貪在山頂

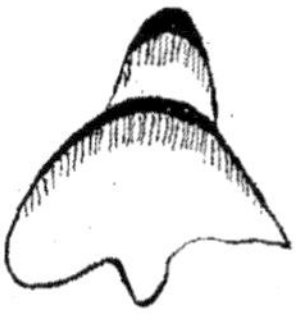

直貪為蘆鞭

連貪為出陣旗

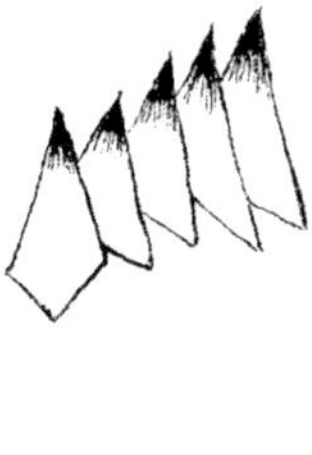

貪狼十二穴法

貪狼穴乳頭穴宜上細下巨前有茵褥左右陽流以微壓當節汜為真直硬嘴尖為假平貪穴睁穴芽忌上大下小直貪穴壓面穴節忌面笑脚擺高下論穴情藏風閃反辨勢歸堂局

中折正面詳辨
節壓當高低

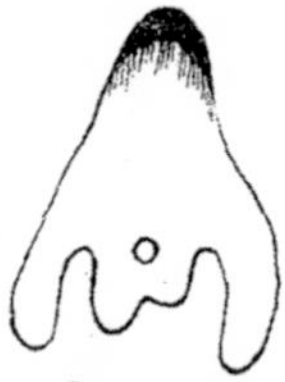

界水边陰边陽
棄陰以陽

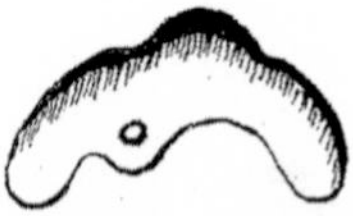

反落偏栽帷
審勢歸左右

脉自頂貫
勢多因落

落脉边背边面
棄背就面

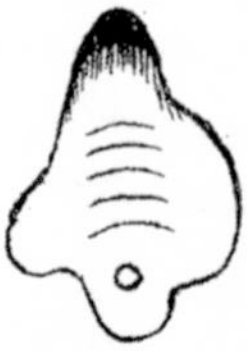

乳必雄峻
穴必粘唇

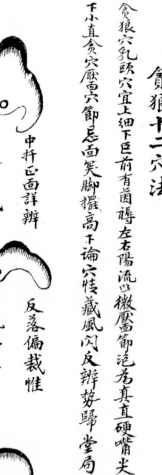

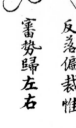

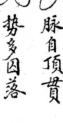

一角從鈎
妙居傍曲

一股重輕單
敢有昏之靨

兩頭平直
穴就中藏

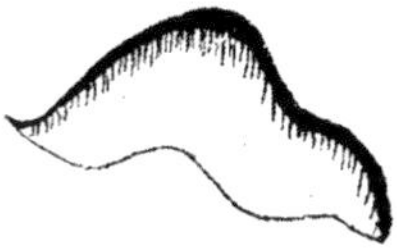

屈曲必節
靜之結

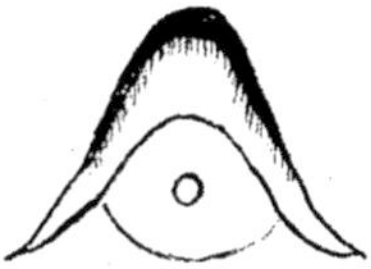

兩股逆直中
扦肉地之強

垂頭毒靨
面之開

巨門四穴法

巨門形如頓笏几屏左右無足其行就多帶武曲輔弼兩傍擁衛羅列破在左右則帶刀劍祿在左右則帶輕節倖端方尊重無欹邪之形就大則為都會禁地就小出公卿大夫入首粗出巨富作閒星為御屏御

座独行孤露作梵宇衰敗出高僧

予遊山川多見土星結作定出大富

巨聳為頓笏為玉簡

巨横列為御屏釜唇

巨低矮為玉几

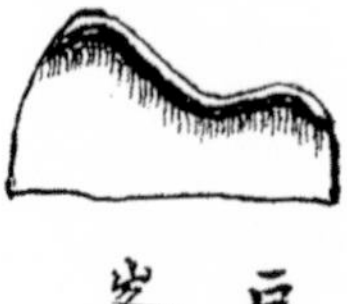

巨兩角起峯為金誥

巨門八穴法

巨门穴窩〻宜平淺左右陽流中生茵褥以弦稜為的脚擺頂欹濶為假高下論穴情藏

風内仄辨勢歸堂局

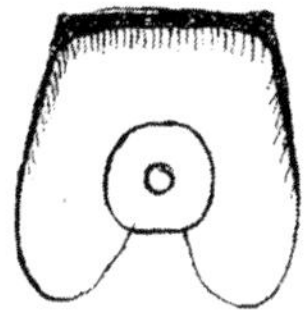

巨落取窩
中之突

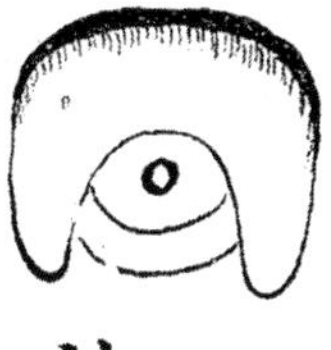

平心開窩
端巧為上

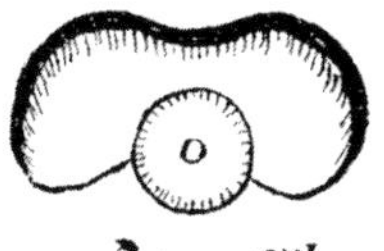

腦蕩窩深
穴居琀口

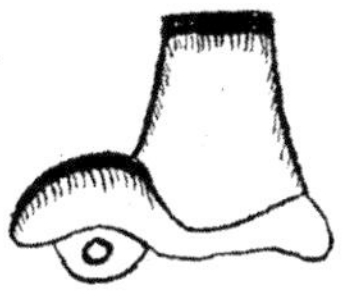

偏垂穴取掛
角之弦

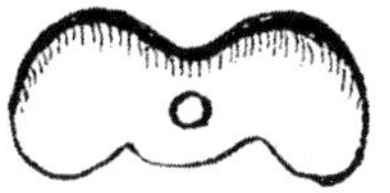

腦凹則穴居於凹
畔須湊脊為奇

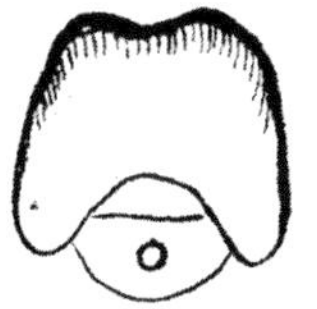

星形壁立
氣聚平中

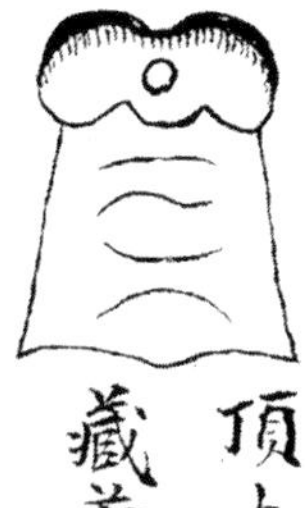

頂上兜鍪
藏蓄為佳

臂椈則倚於臂
間必按泡為的

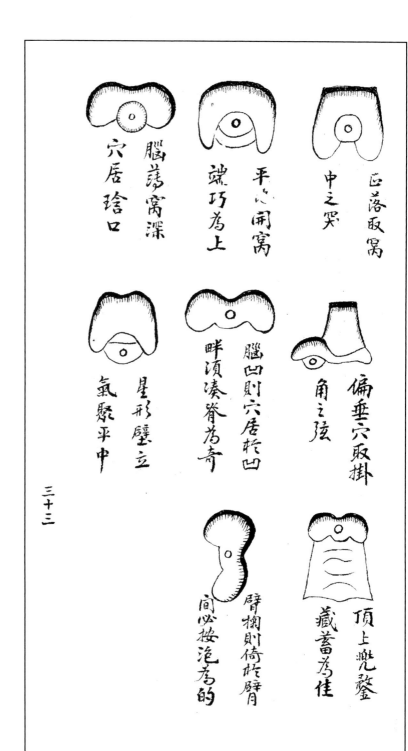

祿存

祿存形如頓鼓下生木脚小墩圓淨為祿碎破為殺其星貴賤凡九第一頓鼓第二如覆釜第三如鶴爪第四如筋扇第五如懸鵝第六如巨浪第七如長蛇作纏道第八如蠶兜第九餘氣散漫如落花作水口其行就帶輔弼若帶圓淨小墩為祿存帶祿不帶小墩為多祿也帶貪巨武三吉則為都會禁地出聖賢大貴就小則出神童狀元與文章科甲作間星為威權若多脚面哭臃腫依匏則為神壇水口而已

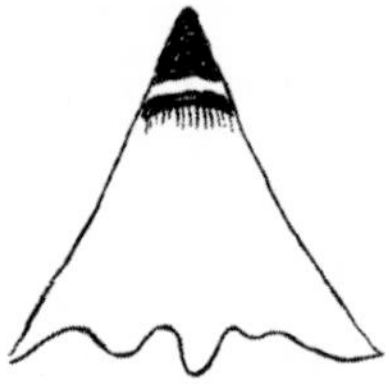

祿帶小貪

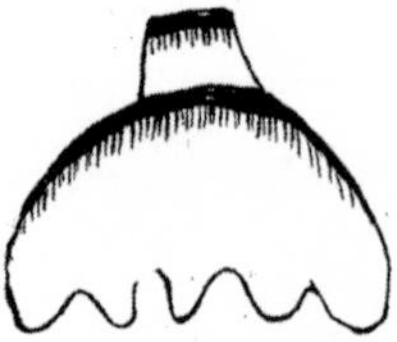

祿帶小巨

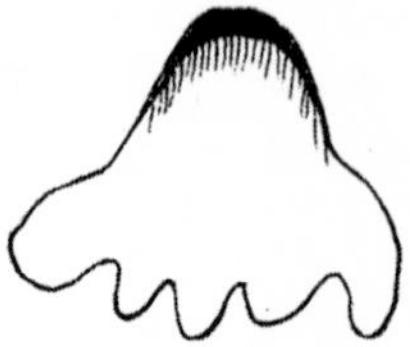

祿帶武曲

祿存十八穴法

祿存穴梳齒披髮頭、梳齒宜屈曲活動起脊開面為真弦稜為的以絕陰脈不分背面為假披頭宜開面圓齊

平正稜坎吐唇為的坎斜嘴攢為假忌左右陰流下無茵褥高下閃反全前法

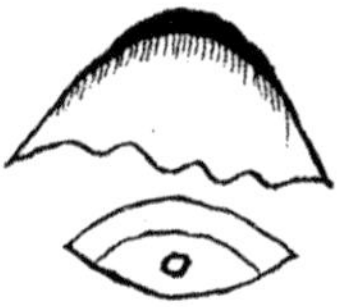

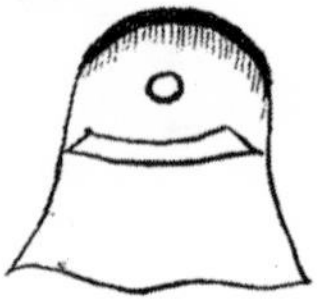

下脚散而有項不析

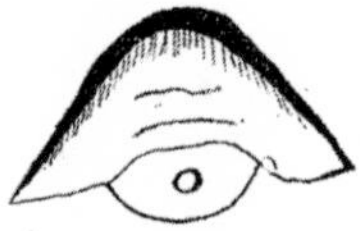

穴宜一八中

臂重一边势归左右

中出硬必歸動変

面突粘長或取中而取角

中出墩阜而无面必為闪乳之奇

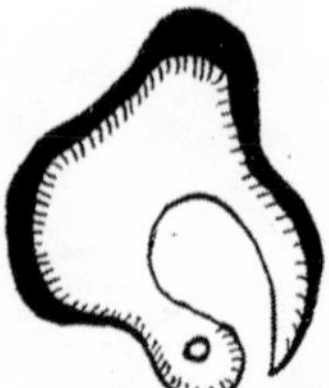

披垂長短或就弦而就靨

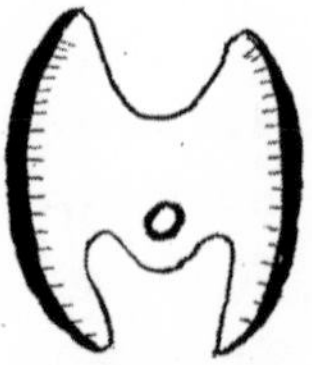

前垂乳坡而没必捲空

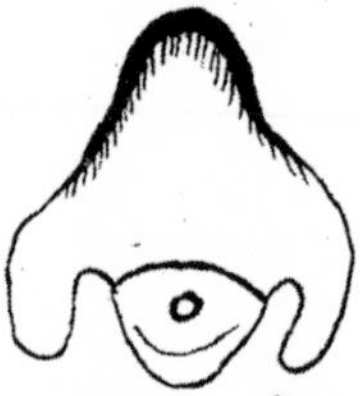

乳生漚泡而盛特宜作坪坡之结

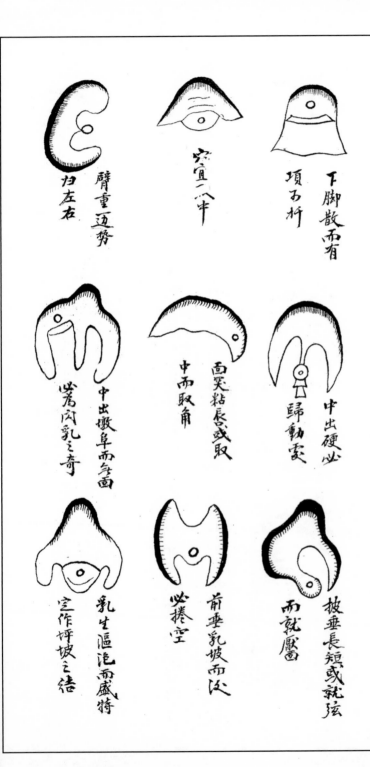

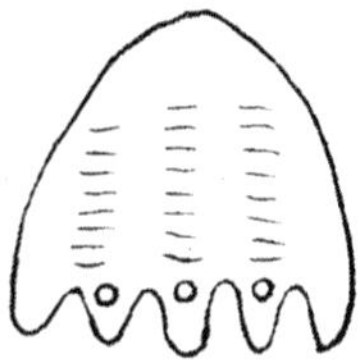

一星數穴分落脈脈皆正

勢返砂回頭頭可穴

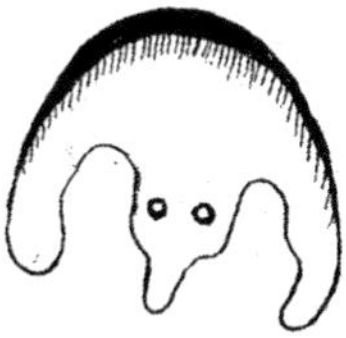

一脈而分以左右之長護

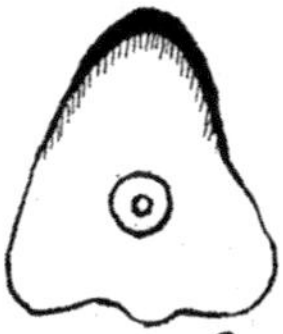

懸鐘乏脈就漚靨而有開張之法

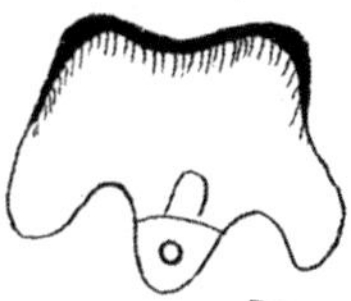

開槽平淺鈐口宜裁

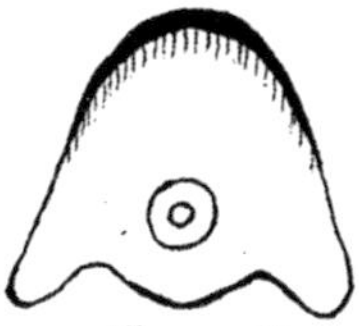

木脚乏唇取稜坎而為裁截之法

文曲

文曲形如生蛇蜿蜒蛾眉屈曲活動散在諸山之中為行龍過脈若自作龍常帶輔弼二星間之吉而出后妃貴女並色美掌財若軟斜如死鱔散漫如撒網哭如烟色碎如瘡樣則為壇廟淫邪敗絕之地

屈曲為书玄相帶

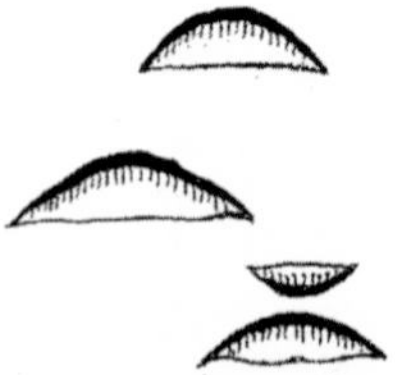

文曲連接開面為重蛾眉

裊長為九天飛帛飛誥

文曲回穴法

文曲穴坪坡掌心廷頸〻〻掌宜沲突平齊圓淨过坎宜短小而巧下生裀褥水不陰流以枕沲就坪倚盛為的

糢糊懶坦不收為假壯多闪反中正辨堂局朝山闪反審勢归逆转

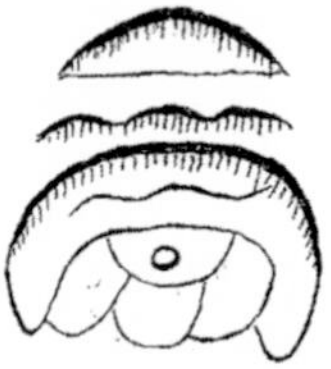

平坡之穴須细察手拱收

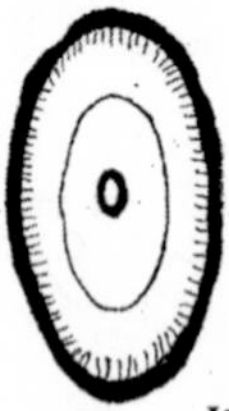

掌心之穴必方掾於肥厚

膛圓脚撮窩淺而作

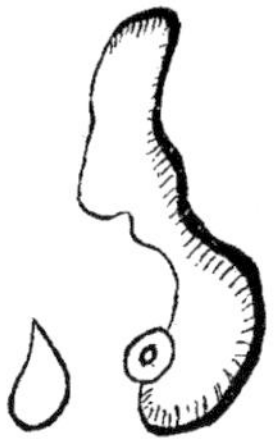

來勢如屈曲
穴宜就坪

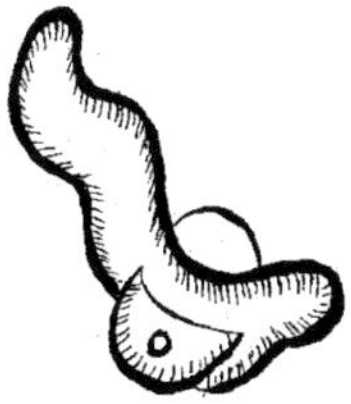

勢來屈曲過頸堪裁頸長則
截脉換或頸短則就細取巧

廉貞

廉貞形如鍬火粗雄高〻為諸山星之祖其形有四尖曰龍楼平曰宝展独峯脚擺為紅旗土頭石脚為曜氣形皆破碎如傘拱列〻條右色赤黑為貞若青白黑黃俱為破祿須生天池帶輔弼出就次第生峯則為禁地餘各隨星就貴賤為差等不變五吉則為门户罗星

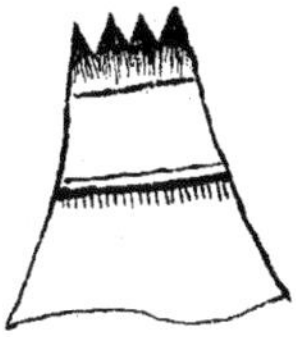

龍楼

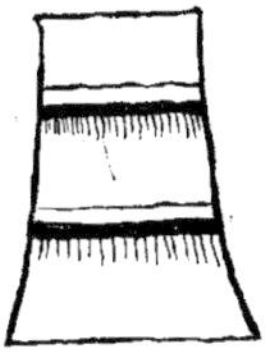

寶殿

三十六

紅旗

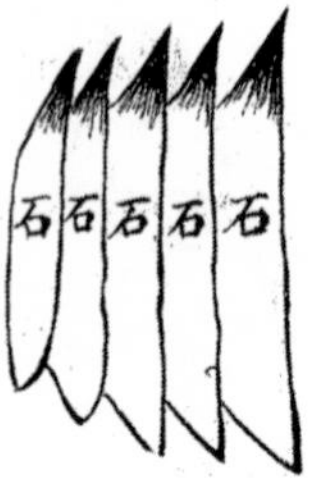

曜氣

廉貞二穴法

廉貞為祖木不結穴若秀情嫩星身帶黑赤巨石脉垂和緩下出尖嘴作犁壁穴以開面稜弦坐唇壓面煞為的然內煞者亦〻以直硬粗大陰流為假徑曰山來雄勇勢难過便是尖形也作穴出洋或有之山谷絕無此也

脉垂和緩壓
殺扦下正之坪

勢來雄急內殺
倚仄分立脉

武曲

武曲形如頓鐘端聳厚重左石気足其行就常帶輔弼破二星间巨門出王侯宰輔文階武權之貴就小亦主節鉞兵政為向星主当代大貴

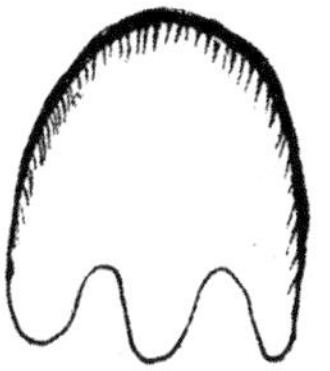

端聳為金鐘

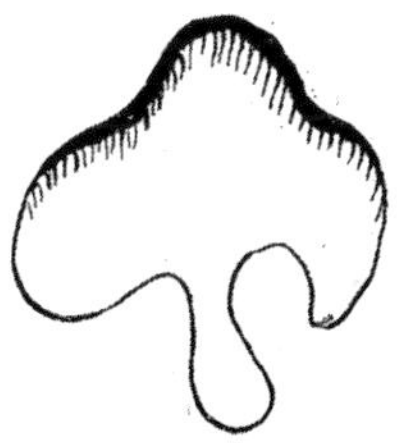

厚重為鼎鼎

武曲八穴法

武曲穴釵鉗鉗曲股長股短為鉗正直脉齊為鉗要槽平淺槽內陽流下鋪裀褥以圓腦微靨齒稜弦為的腦

落股輕陰流為假高下論穴情藏風正仄辨勢歸堂局

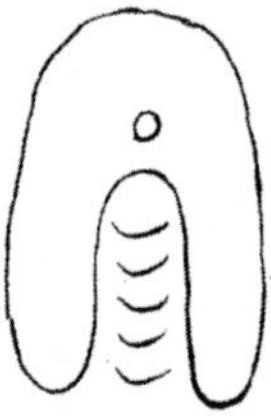

枕頭坐棟取坐氣於中正左右均平
開棟際狹中生裀褥腦盛股輕就
其分股之處枕脈中正為的

臨棟傍脈放界水於一边星辰端正左右均平
腦落股重橫内稜弦渾厚穴宜棄頂就
弦坐棟中正為的放边水於一边

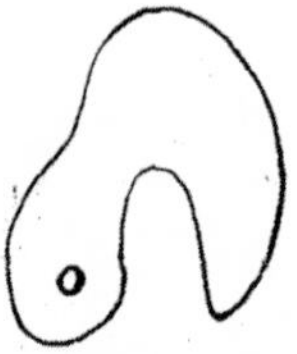

鉗形斜曲有傍脈湊脈之法開棟際狹股重股輕以勢歸
腦圓靨面為的股重股輕重股至尽開面吐唇宜就面傍脈

鉗口微開有穴中穴尖之異

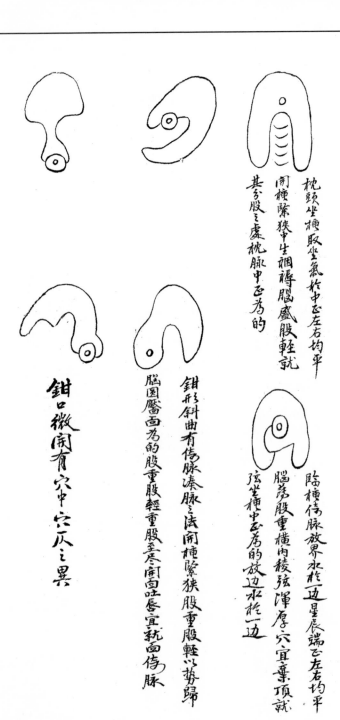

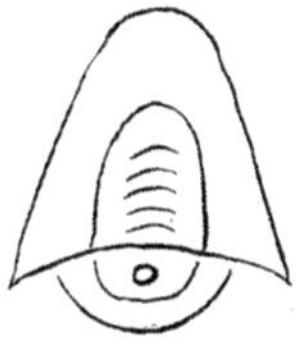

槽以心稜高弦中分取　即兩筋夾饅頭也

槽心腦弱槽足漸闊鋪坪宜就其放闊之處坐槽取弦稜中正爲的槽闊以界水兩边槽狭放界水於一边

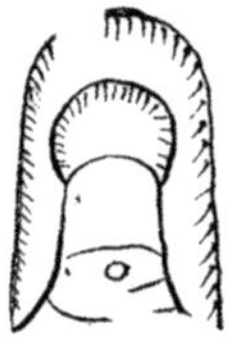

股輕股重唇口宜裁　即貼体觀星長也

槽鑿腦蕩兩股峻直中吐圓唇穴宜就唇坐槽取中正爲的哭露不收爲假

破軍

破軍形如走旗下生火脚如戈茅其形有小頭高尾擺曰走旗左右斉擺曰蓋天師旗一高一下曰馬馳露石曰帶甲層層叠曰天梯低橫為刀劍其行龍帶輔弼間貪巨武三吉則為都会禁地次產侯王宰

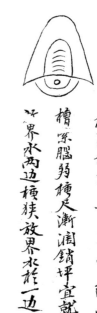

輔边武功之人更的作向為威武無獲無衛則為水口神廟

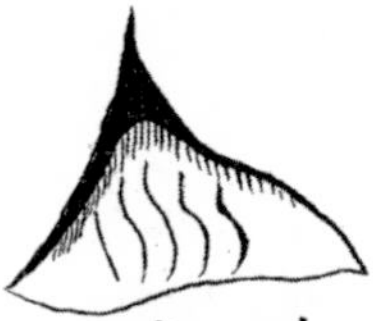

破軍頭高尾擺為提旗又為出陣旗

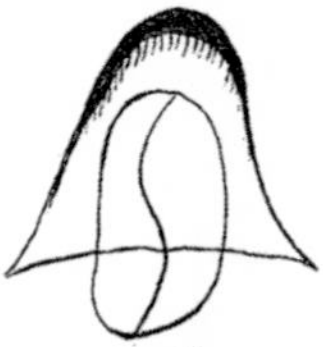

露石為帶甲

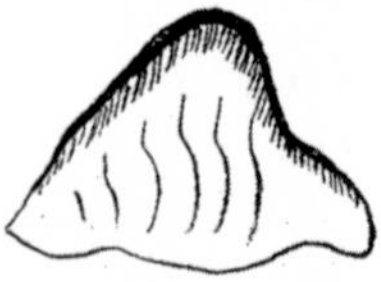

左右齊擺為蓋天師旗

層疊為天梯

一高一下為馬馳

低橫為衛刀橫劍

破軍四穴法

破軍穴戈矛脈宜上大下細八字起腰開面下拖尖嘴右左曲抱裹穴宜就面坐蓋壓煞為的亦有突煞

剪火之杆以上粗下尖陰亦而不分直硬直流為假

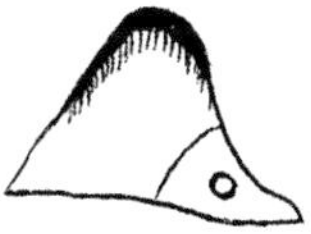

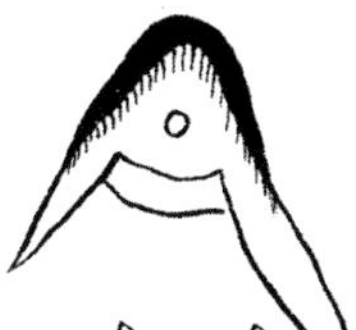

左輔

左輔形如幞頭後大前小左右微昂在貴龍左右為輔弼在山頂天地為侍衛左明堂為天乙太乙在垣前為挽法在峽為金烏玉兔在水口為天關地軸在擁前羅列為旌節幢幡旗鼓馬駝印劍貴龍帶此必為垣局禁大地非輔星自能作垣局也如覆釜者分宗自武者自作就行形如駝峯幞頭橫甲而行主出台諫翰苑清貴獨行孤露為道院衰敗出侃官人

左輔正形為幞頭馬馳

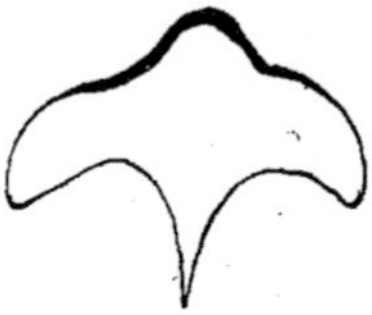

低曰鸞翔

左輔品列為三台

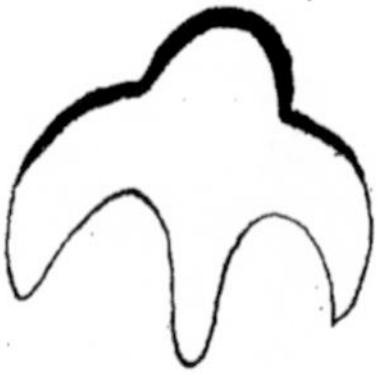

高曰凤舞

平列為華蓋

左輔六穴法

左輔穴燕巢巢宜開窩平淺弦稜端正以珠泡稜弦為的腦桎稜仄面粗面蕩窩深陰流為假高下辨脈影後急閃仄審勢帶稜坎

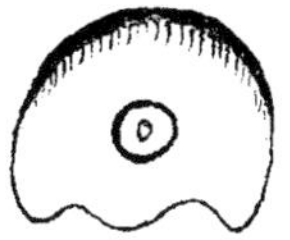

窩淺以稜淰為的

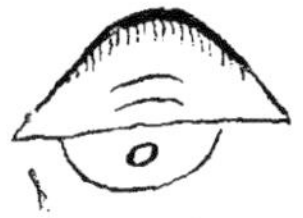

平鋪、以壁下、之弦

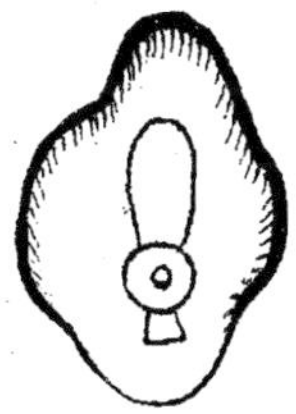

窩穴以㳙哭為佳

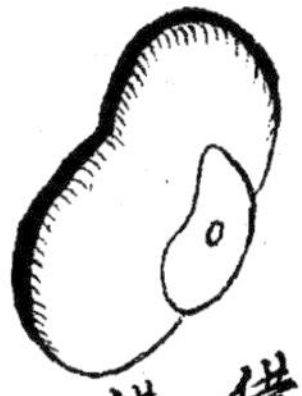

借主生窩受橫貫之氣

頂有扦圓輪之靨

粗凹仄結困情勢之歸

右弼

右弼形為仄月梭即經曰右弼本來無正形形隨八曜高低生拋梭馬跡線為絲蜘蛛過水上灘魚鷥蛇入草失踪跡斷跡斷脈尋來無數者皆其形也此星在貴龍左右與左輔相對故曰右弼無正形或在

三十九

諸山之中作行龍过脉撒落耳陽常帶輔星作鋪毡展席之勢穿珠湧浪之形主出高貴

大員並中使犯嬪衰敗出宮人向散游食

起頂為魚袋

玉梭蛾眉

方為金箱

長為玉印

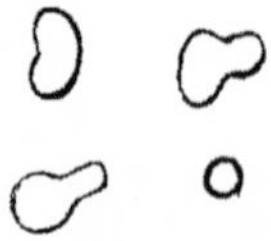

小為銀瓶

玉盞

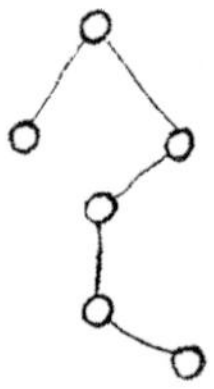

岡為

穿珠

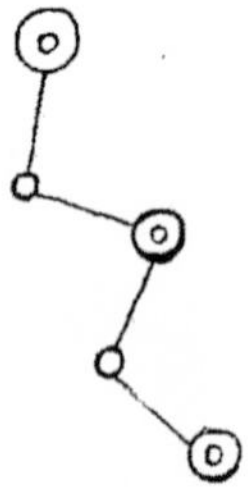

隱顯相间為

蛛絲馬跡

右辨十穴法

右辨穴雖窠窠宜端巧左右均平弦稜端正以腦圓開面為真微靨輸弦袍窝為的腦輕面濁

稜仄窩深為假高下辨分〻情狀內仄審勢歸輕重

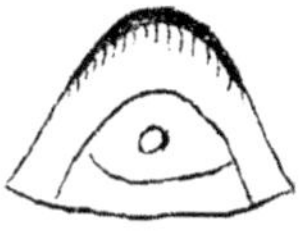

開窩取正

窩有弦稜有取正而取仄

穴取角

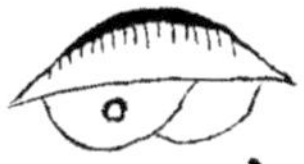

吐面抱毬有穴角而穴中

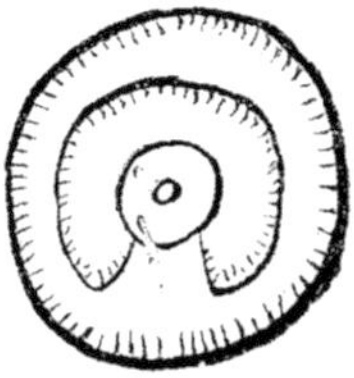

窩形盤曲內地中扦

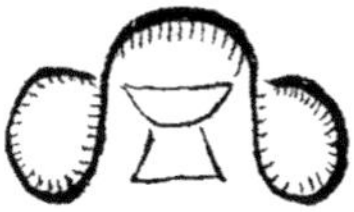

堆阜微坯唇口是取

鋪毡取結動於边角

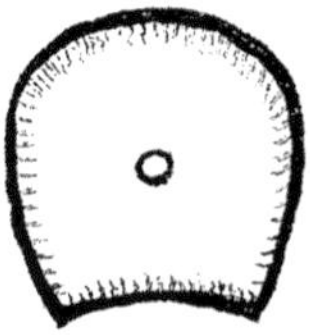

荷盤乘生氣於中心

開口

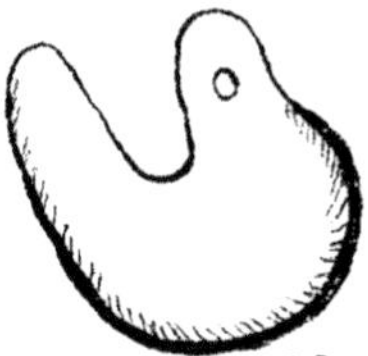

開口吐唇雖為二法平田平地其理一揆

四十

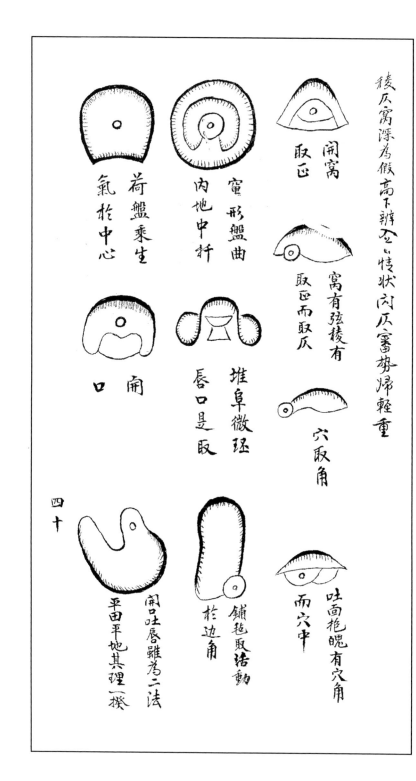

補破軍穴圖

係卓子九め藏木穴圖不同於舊故補之

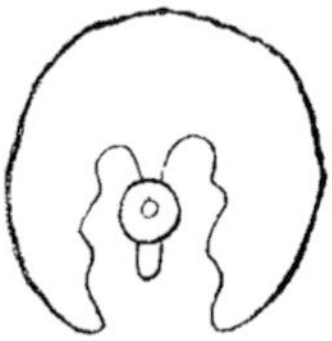

戈荞取正面之陽落脉雄勇下拖
尖中生微突稜弦開面吐唇為的穴
宜就面少闪

平顶 穴頂不畏剪火之尖星辰秀嫩
左右下 交聊中向微面微窩穴宜
就腦蘆刀火

来勢雄急 至尽突尖削脉內左右
穴宜就勢斜倚以稜滗 吐唇爲的
粗雄寬蕩為假

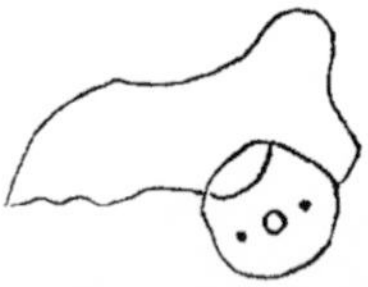

轉側取剪翻身之曜反面星辰翻身逆
轉取其逆回之勢不畏下砂反去前吐圓
唇宜就礴接脉為的

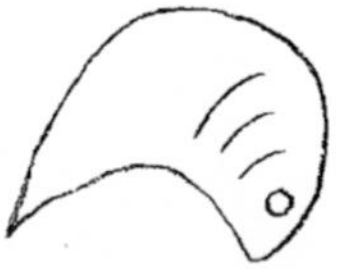

動氣仄垂独棄一边之煞星傾仄垂句脚
動浪一脚夹利宜就動突稜弦為的濶粗
無稜為假

一脚夹拋開面微動穴宜就動突剪火以腦
圓弦稜為的砂要微曲為真火脚入轉
為假

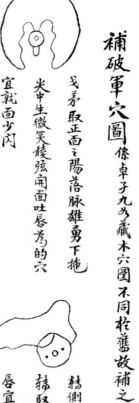

結作法枝幹星辰道法双譚吳景鸞著

龍祖

一地莫先於龍論龍尤要於祖祖者生氣之原變化之本也或尖為龍樓平為寶殿等格皆以尊特出群為貴蓋龍之有祖猶木之有根根大則枝盛祖尊則勢雄祖不尊特則分劈不得其勢必為侍從之龍故龍之貴賤在左古人於春夏之霽夜夜之氣以觀龍之正從又於樓殿之上分別天地以評龍之大小蓋取祖之處旺氣發揚故氣上升而為雲下融而為水也雲氣之形為勢蓋者真橫欄者假天池以夾龍為上單池傍抱次之崩傾易涸便非吉矣幹龍之祖則然若枝龍之祖但取其星辰聳拔不必以是泥也

言龍祖山又有聚嶸聚嶸者在高山絕頂亂石嵯峨或尖或方或圓或金木水火土星攢聚一處若人相聚而講論也蓋起祖之處旺氣所鍾故五行之氣各見然大幹則有枝龍不可概論聚嶸既散之後分劈

降勢則生應星應星者入首之証聚嶹既散之星也應為何星則為何星行龍或尖或笋筆圓或鐘釜方或几屏皆以中出為上傍出次之審其峯勢孰輕孰重重為正龍輕為纏從但以祖峯垂氣為正龍不可以中出泥盖龍雖以左右平分為貴又有丁字之龍勢雖似乎偏落然亦開帳中出与平分無二不可不察若龍大星特離枝脚偏盛而亦貴或撐篙展試格是也若龍勢單弱雖枝脚平分而亦賤或假穿心之格是也

圖列於后

雲氣之圖

天池之圖

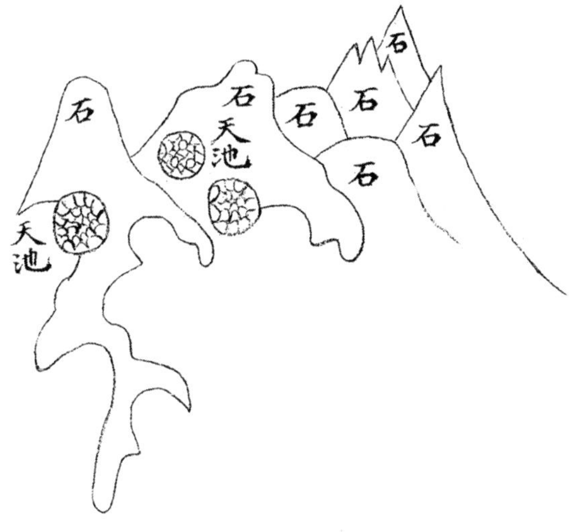

四十二

應星間星行龍之圖

玉龍樓

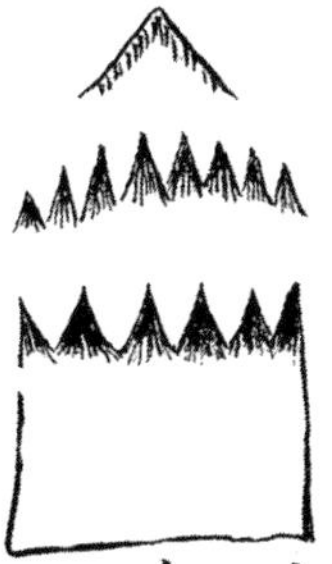

此龍多結京都陵寢藩鎮代代公侯之地

寶殿一

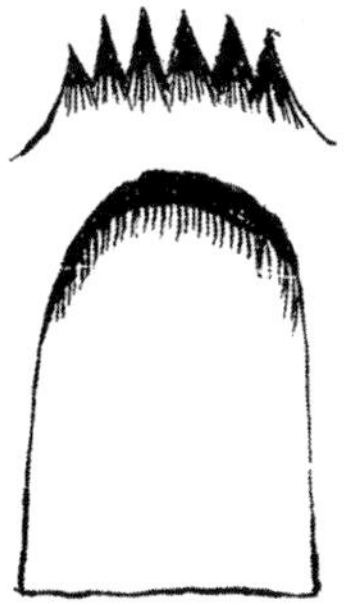

此龍為縣鎮為台郎以肩甲不均尖秀少而形勢单狭也

寶殿二

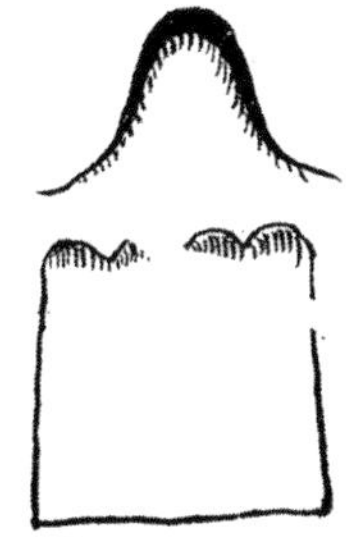

此龍為御監為小都以峯不尖特故貴而不極品

寶殿三

此龍為五府卿監為牧伯以龍尖秀力大故也

寶殿四

此龍為郡王侯伯妃后宰相以宝展内貴人故也

寶殿五

此龍為大州為八座正侍從以展多貴人故也

千絲墜一

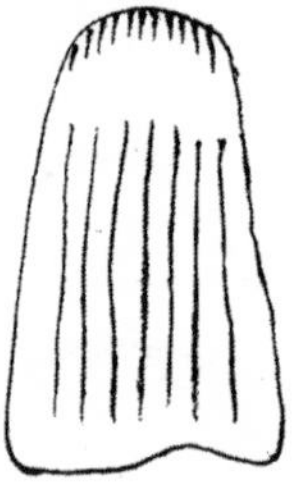

此龍為卿監
台郎縣郡

千絲墜三

此龍為帝都為
帝王之祖為侯
王上相之地

金鑾瓊閣二

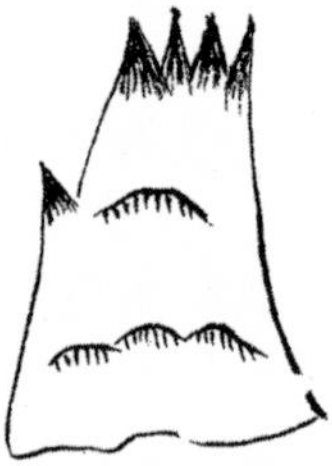

此龍為宰執侍
從嬪妃藩鎮之地

千絲墜二

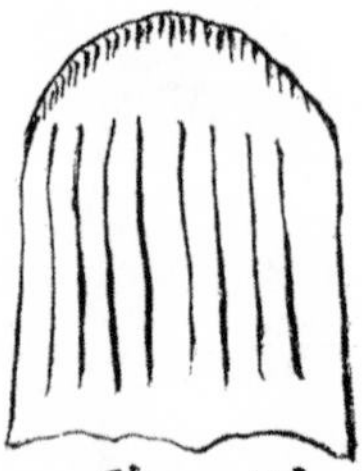

此龍為真侍從郎鎮
監司使相遙外過府

金鑾瓊閣一

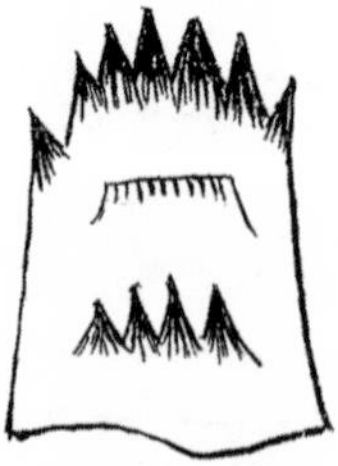

此龍為帝都大藩鎮
為妃后王侯之地

龍車

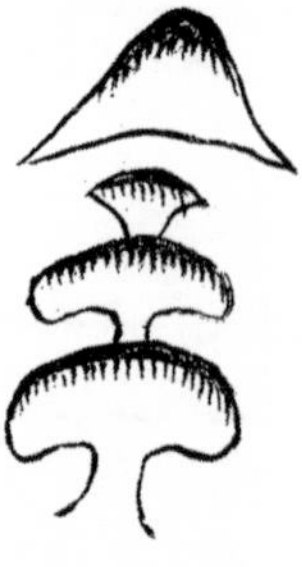

此龍為帝王
后妃之地

鳳輦

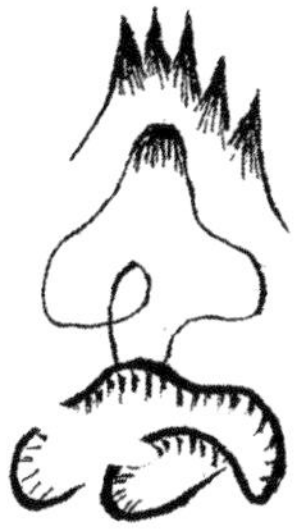

此龍爲貴戚王
侯后妃之坎

翔鸞飛鳳二

此龍吉少
凶多

金牛轉車二

此龍家致巨富
位登相公

翔鸞飛鳳一

此龍出俊秀
高貴

金牛轉車一

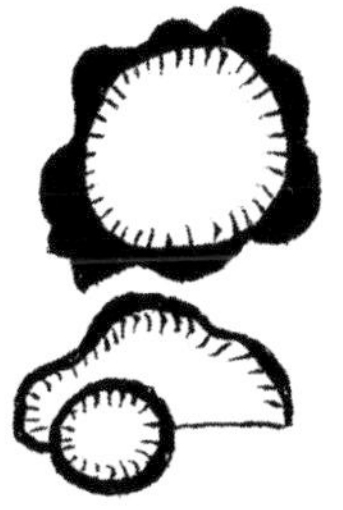

此龍富貴
兼全

金牛轉車三

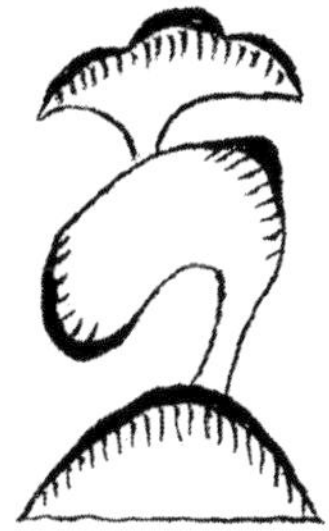

此龍出巨富
將相

四十四

五星聚嶠一　金蛇過水　開帳穿心

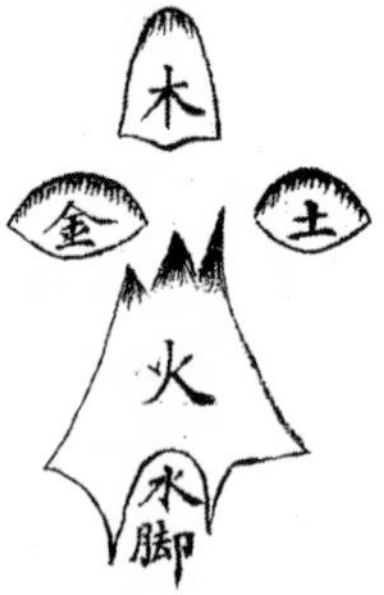

此就主一品
極貴

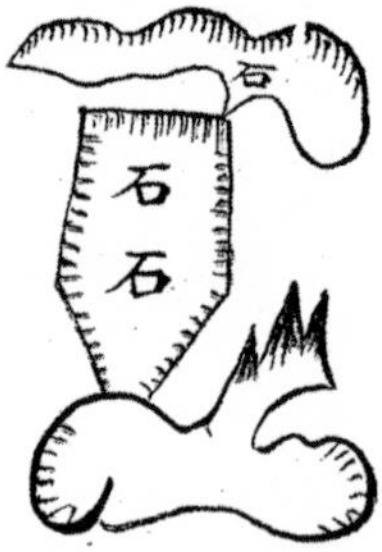

此就主狀元登
第仍出神童

此龍出三公宰輔
狀元及第仍出
神童貴把重臣

五星聚嶠二　千葉蓮花　天馬圍式

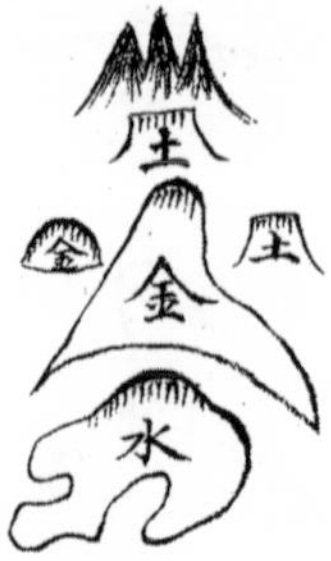

此就出三公
宰輔之職

此就出貴把神童
宰職重臣

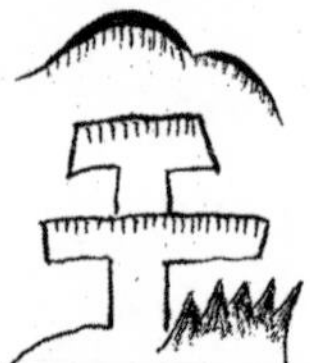

此就出宰執
五府之地

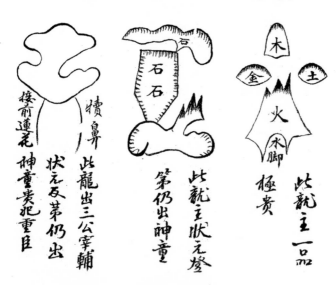

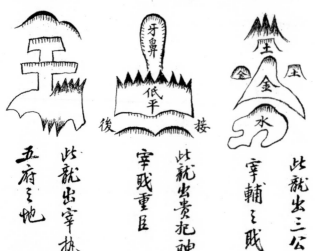

刀鎗劍戟一

以上皆保石笋此刀等石笋
大秀大鎗贵然看就星
應副何必若取应不好只
作神庙卓立平地是

田山形

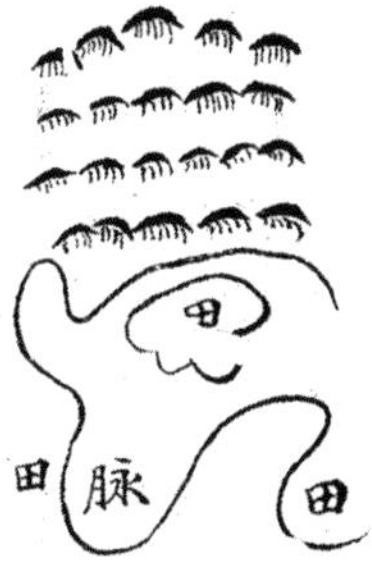

此就出将軍
大将

兜鍪形

以上四圏主以武
成名威鎮蛮夷
為大將軍

刀鎗劍戟二

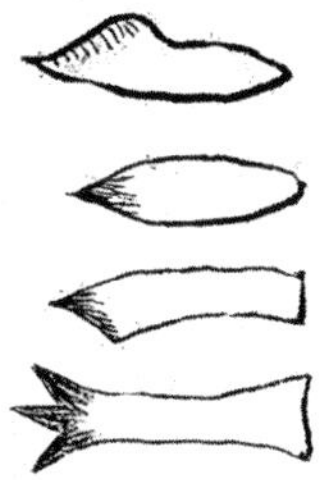

此皆吉曜
更看取用

兜鍪形

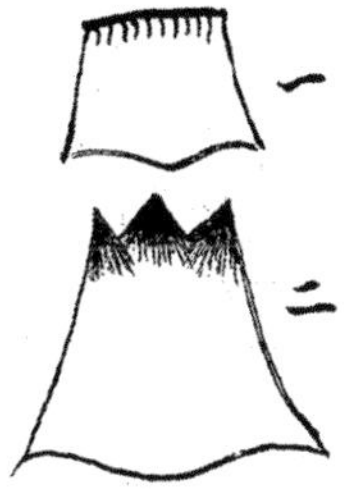

有石斗去
最贵

鞍形一

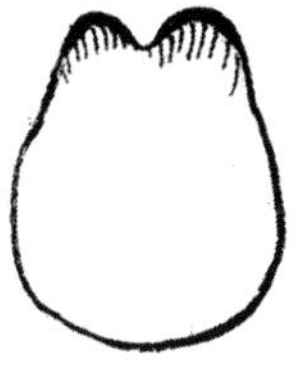

主出小〻
之贵

四十五

鞍形二

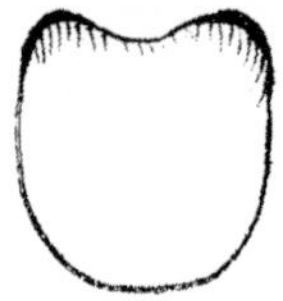

亦出小貴

日月捍門

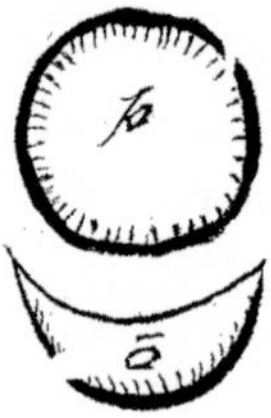

出大貴

旗鼓捍門

此就主出宰相
元帥

日月捍門

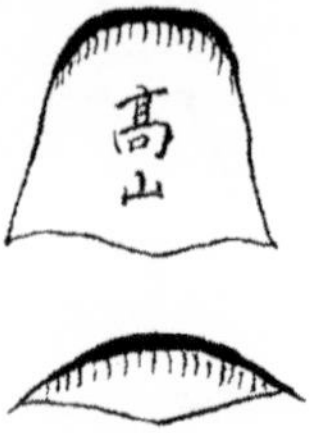

日月捍门為貴之最
出大貴五府

日月捍門

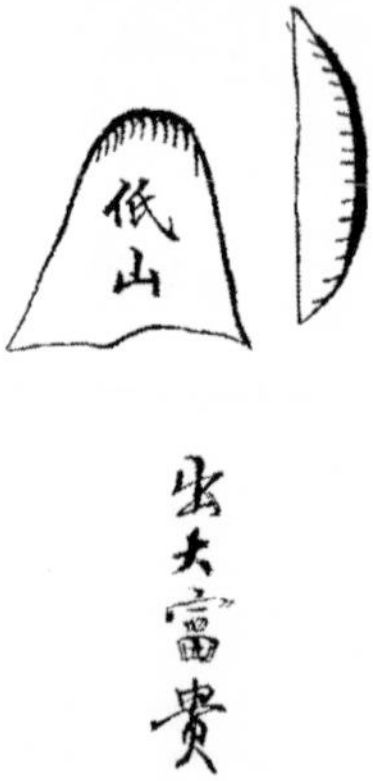

出大富貴

馬帽捍門

此就主文武功臣
名振當代

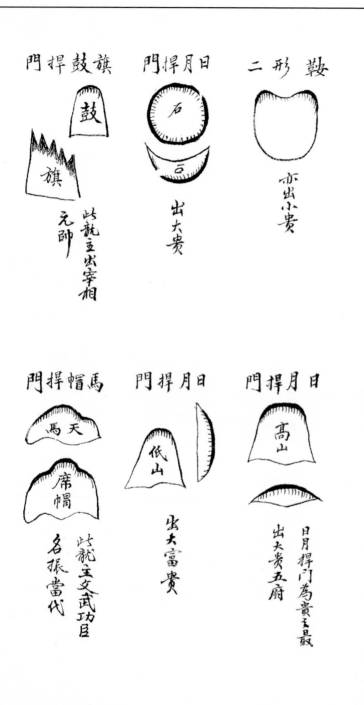

蒹葭一

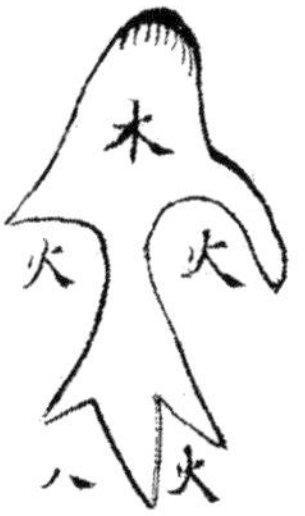

此龍本木生火變火
大貴變土大富變金
大吉變水大凶

蒹葭三

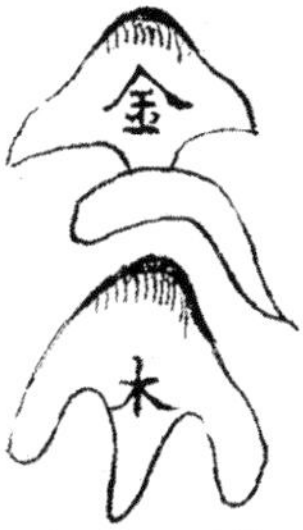

此龍金斷木也成器
則吉又水亦吉又大
大吉

芎藥一枝

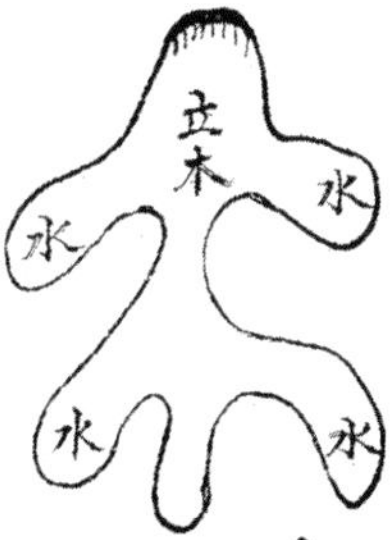

木帶水出世代
文章之士声名起
群貴之上

蒹葭二

金得木侍
主出清貴

蒹葭四

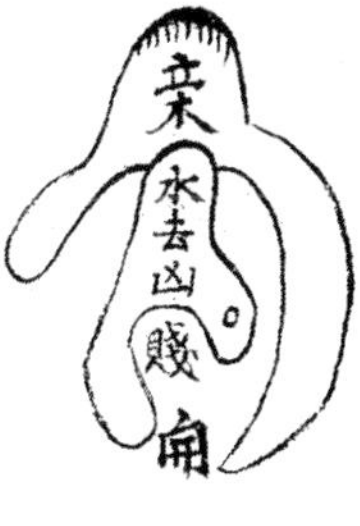

木星高聳穿心
而兩手長短不均止
出卿監台郎

芎藥二枝

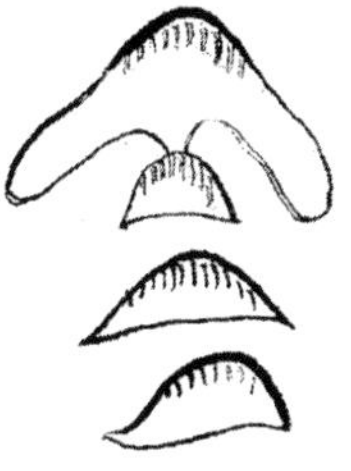

木星帶水出人秀
麗魁偉而貴顯聞

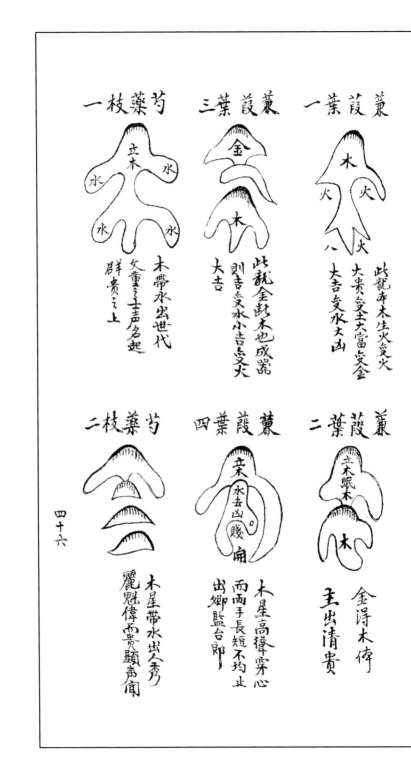

芍藥枝三

金星帶水
清秀之貴

杞梓枝二

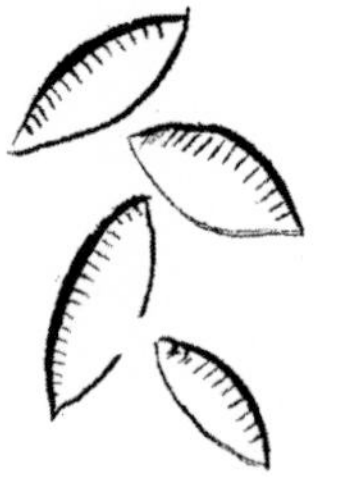

此龍秀而且貴
公侯有偏

梧桐枝二

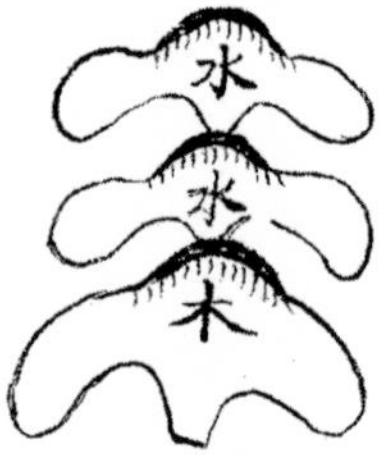

乍發達將相
大貴之地

杞梓枝一

出貴升朝入為卿相
出為監司都憲

梧桐枝一

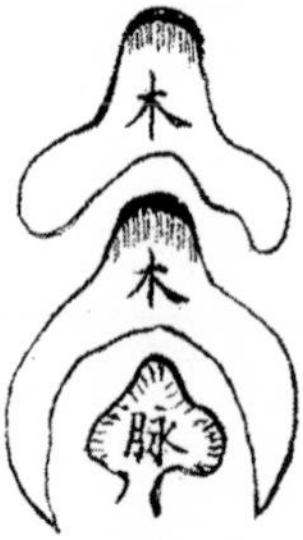

出公侯大貴

楊柳枝一

公侯有偏一位富
定多子一位貧
寒少嗣

楊柳枝二

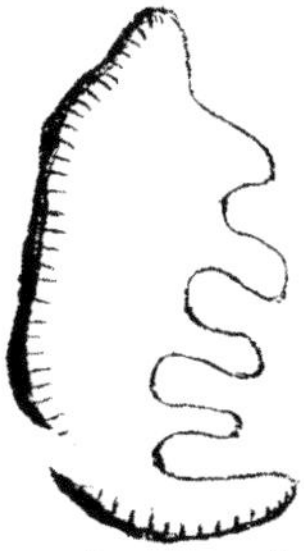

此合柳星龍穴能
出貴公位偏少
房年子有疾

捲簾殿試

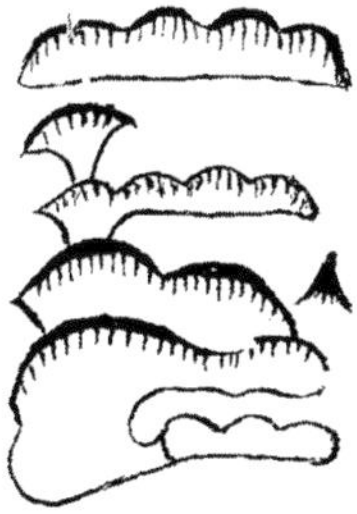

不問偏斜
黃甲及第

玉階級二

相接直出皆為級
此圖起峯正出一順
九級上屏贊揆
為国重臣

楊柳枝三

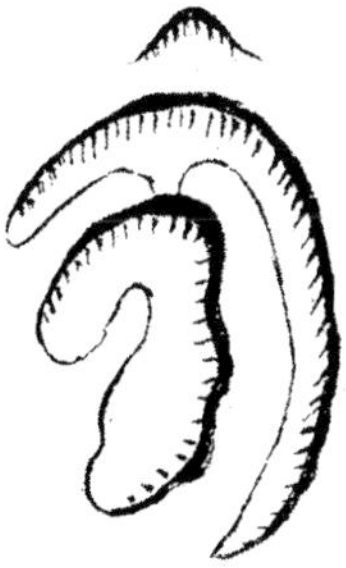

出貴長位弟子
皆富貴

玉階級一

主玉屏奏事
台諫過府

黃金鎖子甲

此龍為金星之奇
交互夾持主富
貴双全

四十七

御街

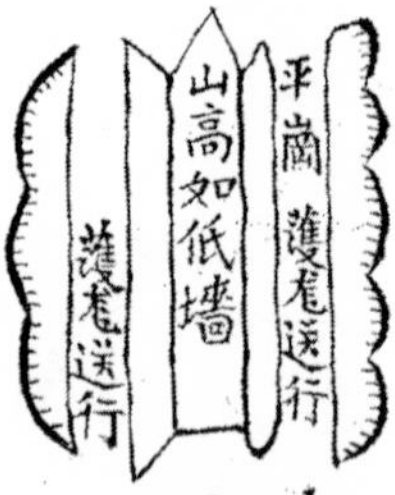

此龍為都城大藩
鎮出將入相之地

蜈蚣節

若兩傍有護
極清極貴

金蛇脫蛻

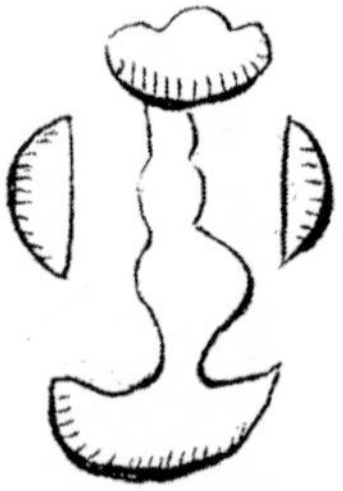

主先出貴兆而後
舉家々福壽侯

九天飛帛

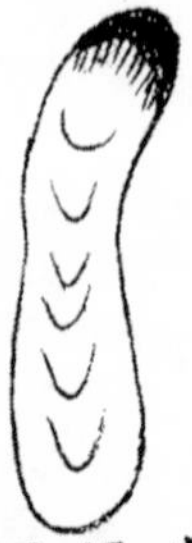

出大貴掌絲綸為內
相須兩傍有護托
否則只主面壁天師

石蛇過水

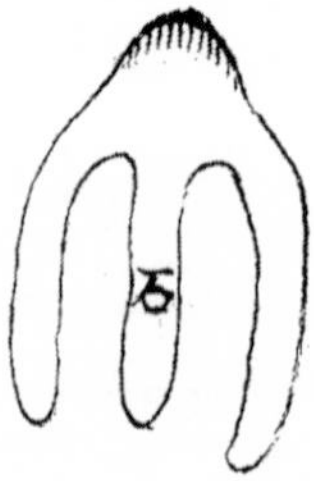

主出神童
登科清貴

玉梭拋送

先為玉梭拋出穿
心此龍亦貴仍出功
女隨夫貴

金鳶鳴玉珂

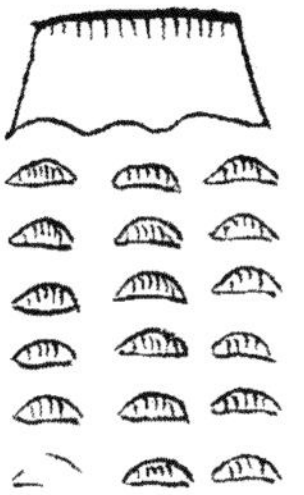

清名冠朝
臣之贵

玉尺工字

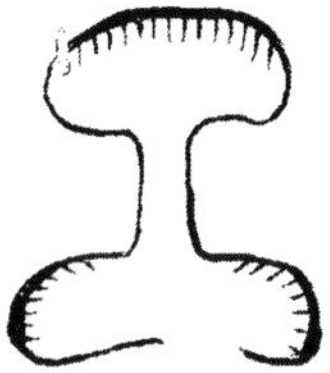

玉璪珠梳

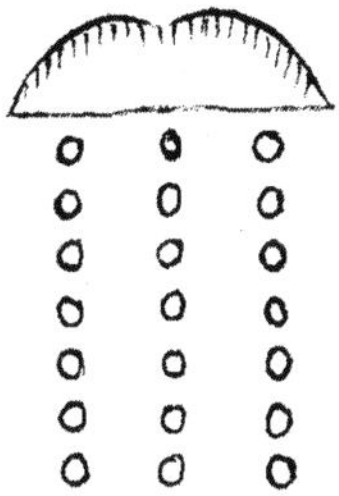

封王世爵大
贵不可言

一字文星

主出清贵

玉尺王字

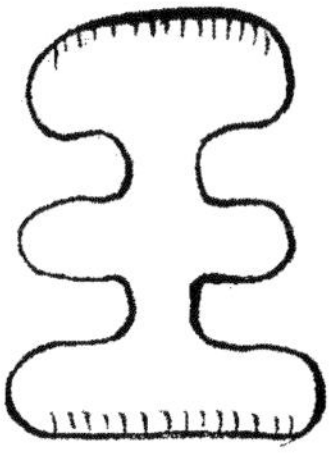

玉琴徽

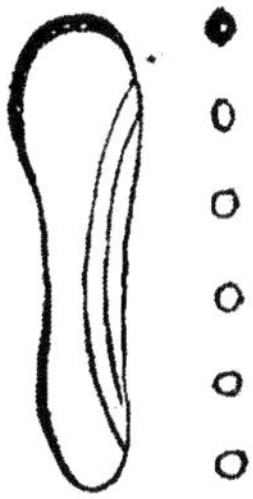

只出清高文名冠世
布衣上展不受官爵
淂賜道號

四十八

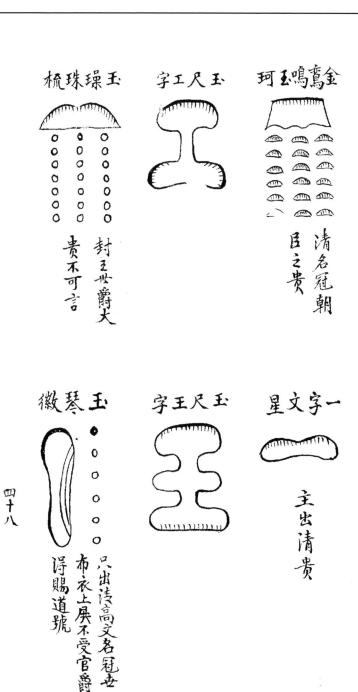

棕櫚葉一

此圖火生土乃富貴双全

金斗玉印

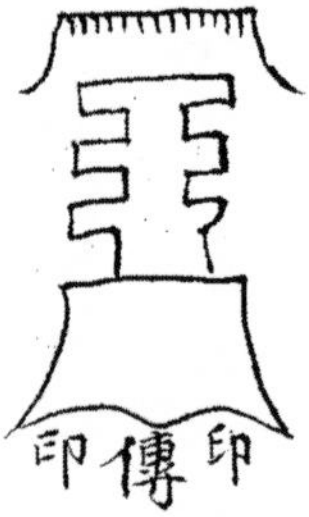

土有印皆貴氣故龍帶之為大富貴之地

樓船出峽

此號土宿單護得木雀秀主出三公宰勢

棕櫚葉二

此圖上帶火曜貴氣差重於上主声名盖世

金船出峽

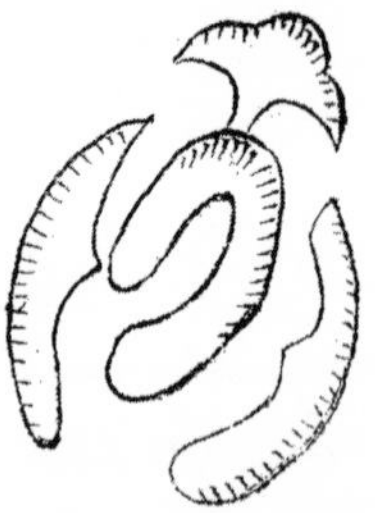

金星落低平而為船形兩傍起山夾護故主大貴

樓船出峽二

石笋崖峩木星最貴林罗奇特貴氣正重故主世代公侯極品

樓船出三峽　內官宣麻　金鐘玉釜

三罡此為極貴品此格乃陵寢帝王之地不可輕用

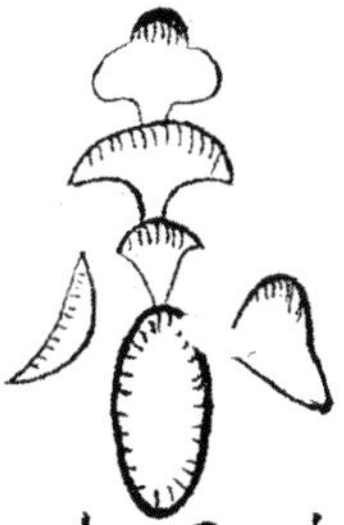

木星之秀為文星且脉行中正故主大貴

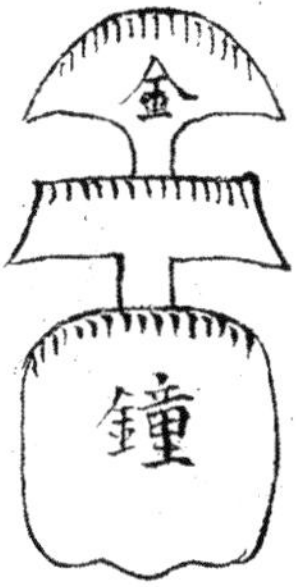

出狀元宰相貴極人臣

閣門傳旨　金雞啣詔　白芒

此龍出中書內相

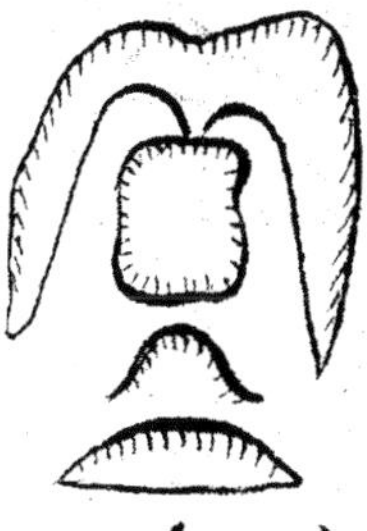

出神童科甲文章奇士白頭宰相

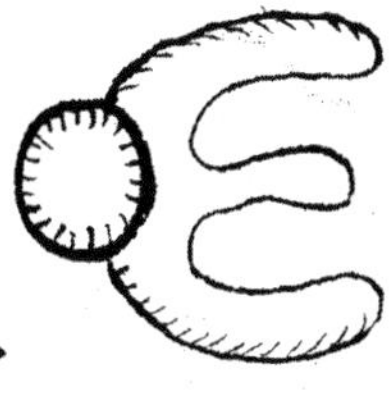

不問順逆皆凶宜為蚩尤橫為白芒

四十九

蚩尤

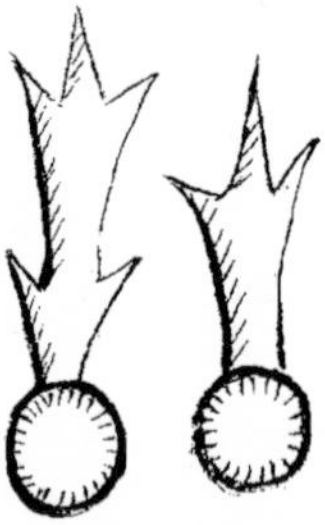

不向悖逆

皆凶

寶劍出匣

火煉成金器端正中出

兩傍平畬祠禱低庫

主武將兵權

推車進寶

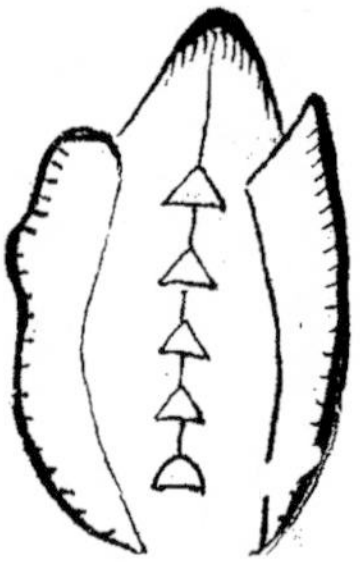

貫天虹

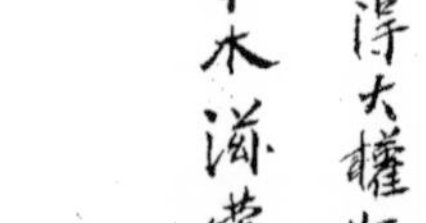

上貴得大權將雄招凶者

生草木滋榮則吉

上天梯

出大貴三公九卿

入主出神仙

玉几臨軒

象簡玉圭

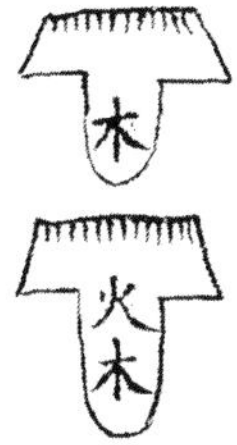

此就主大富貴

蒼璧

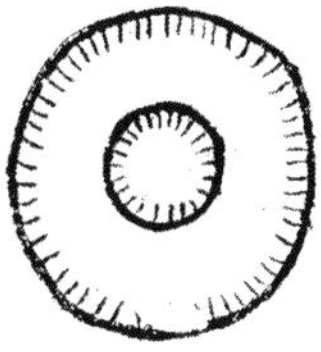

璧圓面上別有一暈如坛墠

芽璋一

此格俱全主出大將

王帽

帽圓面平四邊有墻壁廉隅

圭形

主有四脉月乃四邸也王者皆天子朝祭之用故主公相大貴

芽璋二

此格巳剖之符故掌兵而有敗

五十

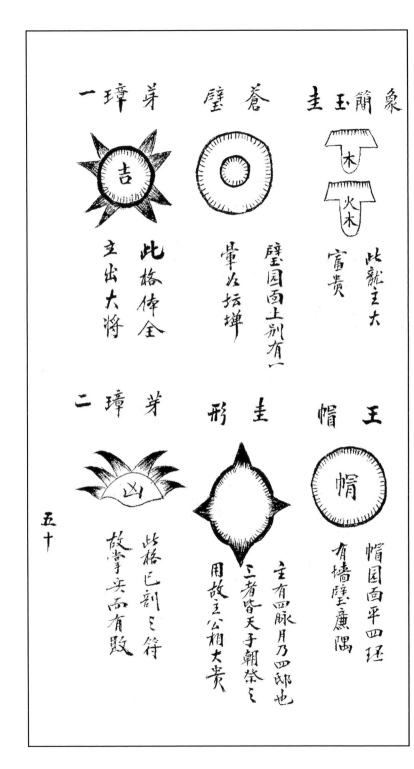

天池一

天池三

天池五

天池二

天池四

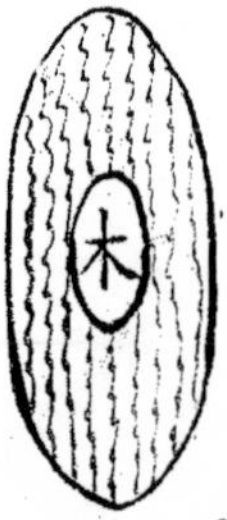

土金木三格各有取用

天池六

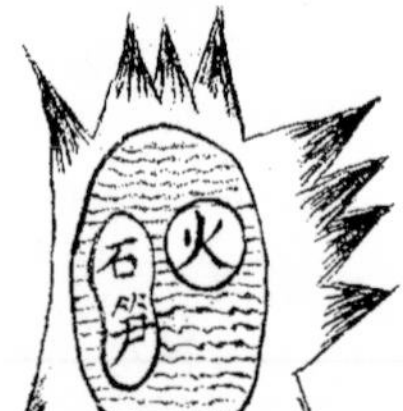

二圓為水火既濟主貴而火傍生石筍最為奇特出大貴

天池七　彤弓　紅玉帶

御賜彤弓
主出將相

弓帶皆平岡木星
帶火主出公卿侯伯

天池八　紫金帶　魚袋

水形池凡圭角圓者皆
屬水星主帶秀氣

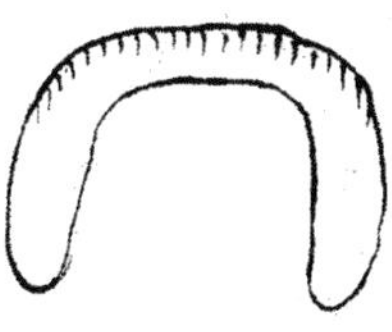

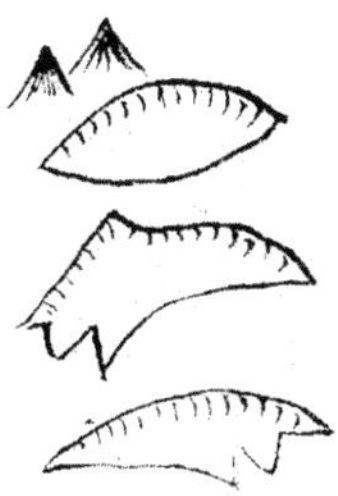

三形皆帶之有魚袋衣者
俱是木星帶秀主出藩鎮
之位而有威權

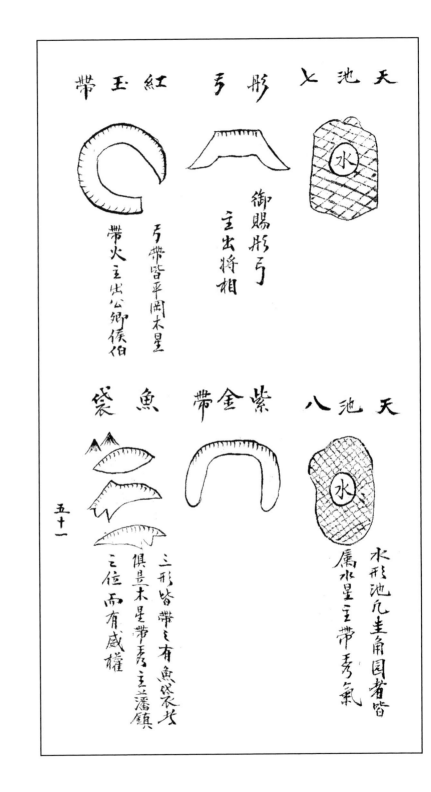

鸞鴦帶

脉落平地忽出石脉或小堆護过然後別起星峯向前主功名福寿

石牝石帶

石竅如牝石條下出如帶主婦人病

錦鯉化龍

此格亦是貴氣胎息

紫霞披

帶而披皆主出命婦國夫子夫國色且膺壽考

步幛

步幛出高而上平四向纒繞紅石為錦步幛有林木為青步幛皆大富貴

錦鯉化龍二

主清秀貴氣

遊魚上灘

由水星穿穴故主出清貴俊秀

天馬馳陂

馬在山陂之上馳驟而下主大貴而達速

金牛卧草

牛乃土星所化主大富脚下交水主小貴

天駟出廐

天駟天廐皆天星之名主大貴廐馬成群出山落平地為成群之馬故曰出廐

出山虎

主貴出節使

飛鳳昂霄

合是大星為第一貴主出高爵封侯

五十二

鸞鳳啄栗

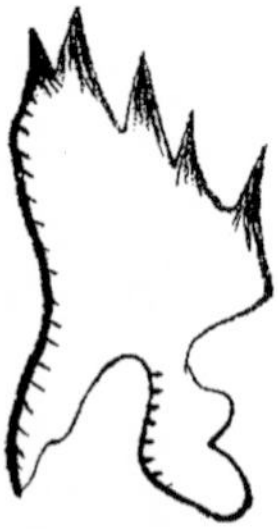

反翅逆護过脉
主大貴金星帶火
為第二貴

仙鶴垂啄二

金帶火而秀主
清高尊貴

仙鶴垂啄四

土濁而曜極
故主富而貴
不足

仙鶴垂啄一

土帶火而秀反翅
自逆清高尊貴

仙鶴垂啄三

木帶火而秀
主清高尊貴

金鸞趂浴一

上圖土星帶火故主貴
下圖是純土故主富

金雞浴塵　飛燕帶遊絲　踏碓龍

金星火曜尖秀
故主貴

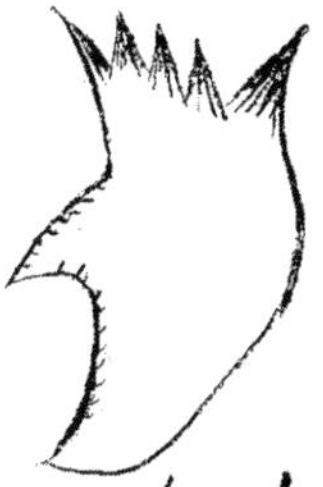

大曜作弄而清
絕倫極品高貴

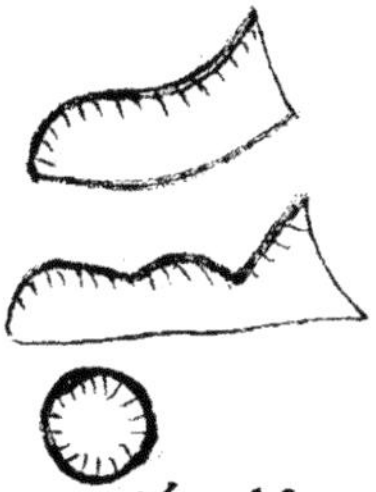

此賤龍也高頭
低尾直脚無護

金鴦浴水　臥蠶吐絲　天螺出殼

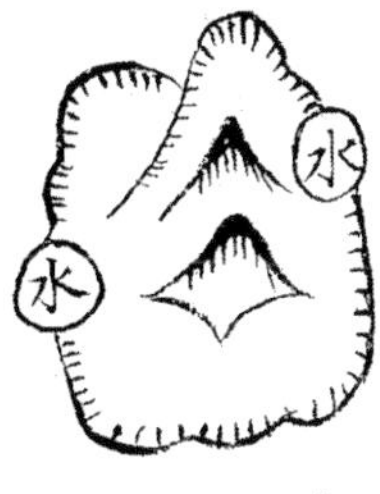

土氣重而火曜輕
故貴而不顯

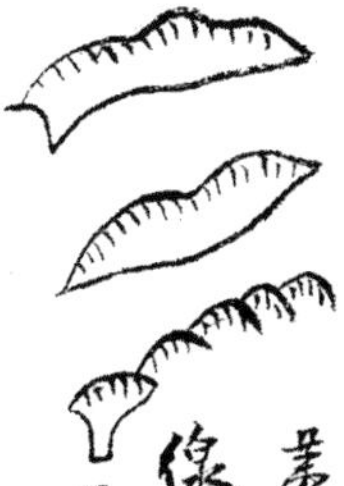

第一土星主富多獲絲
像宜蠶桑因此發財起家
二木三金皆秀而貴

天螺不全是土星亦有金
皆要前後有好星相
應則主富貴

五十三

玉蟬出蛻

玉蟬多出土星而巧樹
变化主清高贵顯

之玄單獨龍

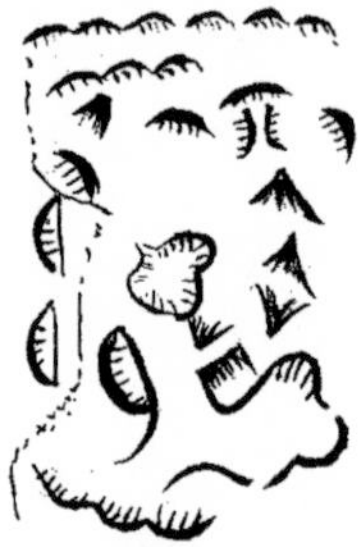

出侍從过府
正拜

蘆花鞭二

天柱鉄鞭格主殿前
太尉功名垂竹帛之地

單獨龍

黃龍上天形江湖汶
而迎前有朝雲案向
日空飛昇

蘆花鞭

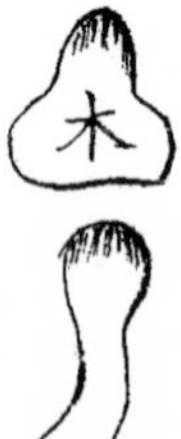

特起火星下起鞭出官
至卿相更有四畔星辰
朝庭為何

蘆花鞭三

特科恩授有星辰左右
之則政京官以上

蘆花裊一　節竹杖　玉琴弦

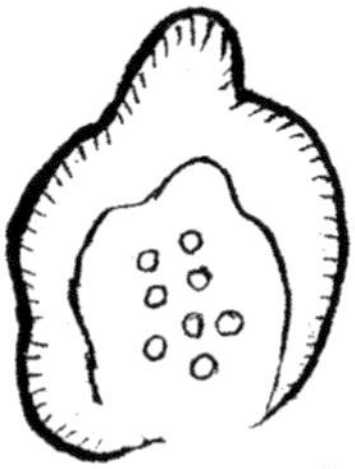

如芦花々落点々飛花
裊々垂下主清贵

如節竹杖頭無枝柯
腳手出師巫遊蕩

出紫衣道士上殿面圣
琴短而大々主宗门

蘆花裊二　玉絲鞭　空亡龍

芦花帶鞭
騎馬入朝

正拜為相子孫升官
不絶鞭小而長主蹶

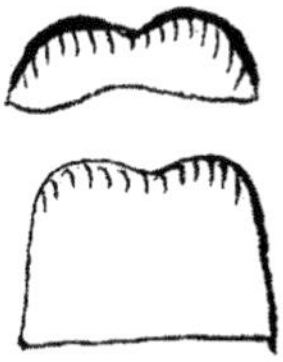

龍無过脈水又流斷五星
难空係名無氣之穴

五十四

流沙龍

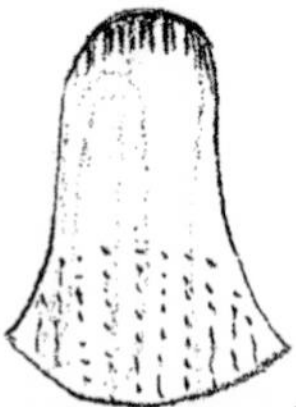

山脚皆浸〻流沙踏〻不勝步
種〻不生物望〻黄白粉〻此
無氣〻龍不可用

換骨龍

贵氣〻龍亦出
是世神

枯骨龍二

枯骨作穴鴉鼠群
集出入殍死鴉啄
鼠囓骸枯不保

沙堤龍

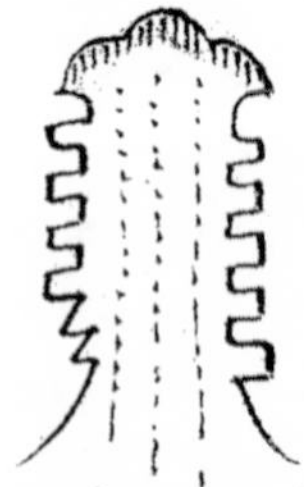

土中或是小穿心或蜈蚣节
芍藥枝等龍俱山脊之中
結或沙堤主大拜

枯骨龍一

金石無土如骨生强是童涸
無氣〻龍絶嗣貧乏之應之

枯骨龍三

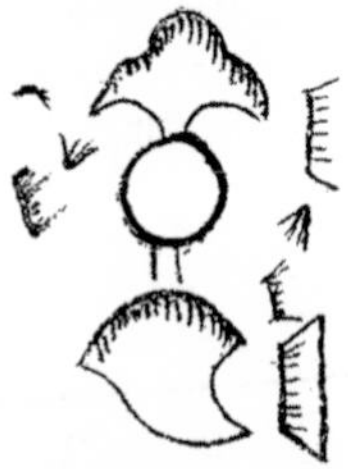

此格可吉可凶有土為蜂腰鶴
膝則吉無土為格骨則凶若
前星辰皆好而中间独有
此脉金石亦然

有人問予曰何以知貴答曰巽峯高多貴客尖峯高聳貴無敵出陣貪狼是狀元帰朝武曲榜眼出衙刀笏節杖
貴非常擁旌建節壯名表前障淡台真宰相貴人祿馬立朝廊穴乘六秀供出供天乙太乙翰苑芳
又曰貪狼出文官金星開口土星端水流九曲六秀照文星高起誥軸全左牙刀有司官乾坤艮巽峯尖端案
上金星貴人拱樓台鼓角印箱全
問何以知富答曰逆水沙富可誇東倉西庫富豪家金箱玉櫃積財寶銀瓶盞注谷水沙艮峰
廚艮水朝蚁聚蜂屯總富豪土居火地白屋富太寅土主財資饒
又曰艮水入明堂四水来朝發一塲巳丙亥方水来去抱身横土長家邦　問曰予讀書不第何也答曰
予昨見先生祖墓見其有不第之實也　乾艮低巽山缺祿陷馬空又不提面前更見筆頭開
雖有文才空費覔文筆懸兮巽木斜立志辛勤徒鑿壁

奇驗經

文官大小

大小文官亦不同筆架城門御史公三台筆架重重案定產朝廷給事中金枝玉葉三層繞長史定生在此中華蓋三台少卿位上誥木印布政通前官改鬼員外職樓台鼓角亦布通火誥金印知縣是金誥木印知州同金印居西布政使水誥居北參政公木誥居南知府出鼓角東出奔人從透天文筆使廉位前朝誥帶出判通就樓鳳閣真學士劍山上屏功臣書黃榜山前貴人現翰林學士顯文宗黃榜山外火星現布政按察官則同七腦行就人不識人臣位極至三公他風沖霄勢入漢狀元宰相耀門風鶴鳴雁唳天挺峙提刑斬首有奇功要盆面前知府職晒就堆錦亦亦富翁

雜職

玄武文筆出徑歷金誥水印縣丞的土誥水印主簿官土誥木印吏目出土誥居北或居西通判徑歷出一齊土誥居北或居東驛丞巡檢难分別席帽糊塗主獄貢錫牌藤棍典史驛筆斜秀麗印星端倉庫大使分庸說文筆若还入硯池富吏為官典史戝

武官大小

武戝大小难一般尖天旗子總兵官遊魚漆帽城门助指揮戝位在朝班人高端馬為元帥馬高人短立卒官金誥居東公与伯金誥居北閫帥權衙刀矣劍簇鎗起指揮代代子孫傳前山却是魚鱗樣總兵都督鎮三関旗聳劍横閫外將筆低架小帳下攢華蓋之山帥府戝冲天官蓋侯伯官三台脚下红旗現總兵三軍天下傳大星連帳红旗樣指揮千戶同一般虎上衙刀為大將曜星為山侯伯官寅戝指天虎指地千戶萬戶從一般石山旗鼓千戶戝坤山曜拔總督權何如此地將軍出百萬瘟貞左右纏何如將軍立殿上火星剛硬汇天边

公侯將相

出公相有何緣金箱玉印內外端千象火星城门乱三陽堂氣似海寬玉帶纏玹幞帽聳禽獸捍门印诰全

尚書

尚书輔弼朝金水衝天高金诰居東宮八座金诰居南亦同招馬山上兼貴人現定出尚书伴帝遊

狀元

狀元出天外筆前後尖峯元子必禽鬼獸曜現城门火星尖聳狀元的兩火若插並天齊兄弟聯芳

居第一出陣貪狼与巨鞭特朝武曲朝帝闕火星千里侵雲边狀元定是神童捷三山筆架並雲霄出身定插及第花

文官

貪狼四出文官金星開口土星端水流九曲亦秀四文星高起诰軸全指案山言

左牙刀有司官乾坤艮巽峯尖端

案上金星貴人拱樓台鼓角印箱全

武官

廉貞山出武官貪狼上頂火星端旗鼓拱夾鎗刀案出身內側掌兵權右牙刀武職官有砂石碣碣金位出端流水之玄斜返芽子午浩大閫帥權若是那龍未入首庚方砂水護城垣若是武職官多大耀武揚威鎮边關

雜職

龍內側左右峯席帽模糊案不恭錫牌藤棍多雜職補例款斜總相同

掌印

龍結穴四正朝金星端正木星高脫帳降帳中尖出樓台鼓角印相饒

太監

出太監有何因太陽蓋了太陰星土誥居西多凹缺一重華表一重門（捍门也）火誥若在東方出居朝太監有声名

土官

火星頂木星胎水口貪狼石獸排更有尖峯居水口不修文作有官來

貴

巽峯高多貴客尖峯高起貴無敵出陣貪狼狀元帰〻朝武曲榜眼出衙门杖節貴非常擁旌擁节

姓名永前帳設台宰真八相貴人巽峯祿馬良（艮丙乾離）為天祿馬穴乘亦秀俱朝拱天乙太乙翰苑芳

女貴

蛾眉心近泝沙金星八九女出花（八九金星齊峙面前）辛方水朝出窈窕巽方砂秀嫁皇家誥軸花開金居兌淑女富貴实

堪誇前朝秀巧抱明堂左右玉印列成行天角天弧日麗出金冠霞披女為王珠幡宝蓋從右出生女定是配皇郎

因女而貴

辨前山如月形端正案前亦生成金誥開花見巽秀其家因女得官人

貴而不富

貴人正龍虎全艮巽乾方缺陷偏左右前設倉庫少從然得官也無錢

有官無位

貴人正祿山偏石頭磊磊有官銜貴人若被水星隔從然受祿也無权 巽 艮

晚成

外山秀山內微奇峯遠隔晚遲威震山壓塚少年滯子午低陷渠瀨欹 穴高朝近遠發應遲震山高壓 敝日之光晚見君王

富

逆水砂富可誇东倉西庫富豪家金箱玉櫃積財帛銀瓶盞注谷的砂艮山应艮水朝蚁聚蜂也總富豪土居大地白屋富火兵土主財貲饒 蚁言財廣也非白蚁也

先貧後富

外砂纯内砂顧远峯谘朝護形势若在吉位雖曰凶初下多貧窮後发富

成家

艮水入明堂四山（卯酉巽）尽来降明堂大聚發一塲丑未向应当巳丙亥方水来去挺身秀士掌家邦

進契

進田筆在下砂送契灯下錢又賒青龍頭上生牙爪土角流金賒賣地

横財

土居艮橫財格（因破局不過廣財而已）坤申山水盡來朝銀瓶盞注相連繞金箱玉櫃富滔滔

血財

（不破局砂不端故有斯應）

血財山如羊牛一似鯉魚跳上灘再如瓶瓜來抱向外蠶山見有午間

賢人

水秀麗山尖峯尖石排來下穴中天乙太乙（癸丙辛峯）就左右此地必定產貢雄

秀才

張天水星山頭略起富尖圓頂

水木間出生員穴絕貪狼每一端金水土星端正小尖峯筆架點同看

不第

馬祿　貴人

乾艮低巽山缺祿臨馬空文不提面前更見筆頭開雖有文才空云見文筆旅分巽水斜立志辛勤空鑿壁

成仙

劍印砂兼兵炉乾坤艮巽筆峯嵯龜蛇琴劍坤申地天门橋鶴墅仙多

醫

葫蘆砂出醫家藥餌砂見妙術誇主山若还多秀麗橋井傳方定不差

畫師

水木星乱生文筆秀兮就穴桂筆斜案側真学士尖山双鋏出丹青寅申尖峯斜且側延寿使計害賂君

經商

文曲路出商客財帛祿弱為商的就身車舟湎汝行水法之商真富極

雜藝

鶴禾砂藝多般金斜木倒公輪看曲尺鉗鎚出匠戲有虓龍虎藝堪覌

教戲

斜武曲会歌舞木星軽側見水多貪狼歪脚頭搖擺金水行虓唱哩囉

教唆

古尖射似牙刀水木斜側詞訟刀鉗筆山尖非正格筆低案小教唆高縱使文筆尖而秀若居坤地訟師豪筆山又帶凶砂出詞訟充軍空然招

僧道

丑未並戌辰孤峯如頂笠鉢盂錫杖見真形魚在東方僧道出香炉案出道僧巨門拱照及應貞辰戌丑未山頭煞筆尖山下小峯生罕笠山僧道招幢幡宝蓋鐘鼓照旛花賢僧出礼佛悟玄高若是巽癸

水穴流數峯相串出俤倚頭垂蕉葉樣土星金疊亦俤流金星脚上生浪脚為俤極好遊

吃齋

四墓山照坟宅辰戌丑未水並入更逢祿臨乾離低秉炉山見年血食

旺丁

对面有金出

金星出旺人丁明堂廣濶左右坐更喜龍虎俱寬抱山頭疊疊也多情山勢猛亦旺丁陰陽比和少風生餘地

山有餘氣水不

鋪比山不割水蔭蝦鬚須砂有情水聚人丁旺砂散走離鄉　楊公云何以知人家不旺丁山走砂飛水反行

何知人家少子孫前後兩边高壓故可應驗也

壽

乾峯高出寿考丁山丁水砂若还丙丁水来朝主有白髮老午峯午水不利主有回祿之兆

雙男

金水乳產双生太陽金星開口而又有双乳前汲相連金水星接連相生若見面前双峯出或双山或双坟成双丑文

兼汲山双氣形兩脉也子癸水朝迎双生子毋真更兼厮前兩墻真壬山是火対土星開門若見双溝入此池必定產双生

雙女

陽氣盛分向低也多女子蟹裙蝦鬚頂又不明分界水一宅平地皆屬水文曲開口双女生

雙妻

兩樣樹在门边溪又蛾眉君面前東方更有堂屋列重妻重妾有何言

少丁

筲箕体少人丁拟陰蝦鬚須合不明穴身高低反土路屋大井小宅不生兩边高壓又何断子孙半但不留身穴

六十

無餘氣子孫希丙水合讐無丁餘水破天心男丁少神前佛後亦然之

有子無父母

餘氣鋪坤山低更兼乾上有風吹艮震高巽兌缺後乱長留父母遠

多生少養

勿蝦鬚須勿砂護（砂矮　水淺）蛾眉山見女連連竹木為園不見屋巽兌初月却無男卧房要端方缺角少女郎左

右四隅並陰傲前後欹斜男女傷

婦不生

巽高無子生離兌峯脈孕不生东西若列堂所屋正室無生妾有旺坤上栽花並池治從有妻女子螟蛉

損少

小池窟損少丁水若淋頭兜不齡中心射腮男女夭拭淚槌胸死不停哭字塘多乏於前塘後塘人丁滅兩边

池水侵大門厌舍田園兜不吉前屋高後屋低其家必損少年兜高昂白虎明堂〻看尘後粉墻不可居

螟蛉

癸門路抱養兒怪怉园峯螟蛉隨捲簾水見填房子孫房獨兒螺螄兜前屋潤後尖小入舍填房

義子有樓屋獨居螟蛉兜所前水潤抱養兒

重妻損妾

逢五度祿存峙長土〻星癸上門路聚重妻坐子向午十丁未上進犯了陽刃點為之陰人長病損妻〻房

只因屋後有波池前有小塘蛾眉樣父子代〻主雙妻東有屋缺破西边井灶連魁妻地斜一边少北路

右边路巷沖主山〻未魁妻不可当金角出火君須

沖堂少著年虎利沖坟守空房虎似尖利妻早亡

避橫山為木損妻〻房

墮胎

潤平斜趋氣不聚而序木
披連煞不可栽堂內圓墩堆凹來胎息露風龍虎短壬子癸卯不宜換天井下面有水井脚下小枝俱墮胎

寡母

汝强極太陰深左煞風來虎利刑陽局平坦陰反盛右聳案迫主低平前厠高大汝屋矮一家婦女少
夫君面前茶槍殺大刀流通四庫出寡孀坤上峯高坤水入前朝崩破寡孀难逃

子隨母嫁

龍虎砂入擺出门前有井水反出妓宅癸丑二水朝隨母改嫁忘宗戚

婦女管家

龍虎上開小门婦女持家有声聞坤上峯高女掌事流通四墓陰主人

孤寡

龍虎壓乏護胎地乏餘氣孤寡來穴裡藏風如坐井元武吐舌不可裁瓶能射屋孤且寡独樹孤屋亦同灾内撫池塘簷淺氣財離孤寡苦哀哉巍然勘在右边去水星乾兑孤寡哀酉虎星耀休有石坟宅乏左亦同猜

孝順

玉帶水出順兜山山拱顧壬山奇龍降虎伏乏相蹺兩岸开睜不攩能左右比和畏相抱宜如老萊戲綵衣

不和

兄弟不和平廉破兩相爭龍虎鬥頭家不順白虎抱鎗勢可驚青龍悠悠去投河弟等持刀杀大哥閙路

白虎進屋宅难美和横楼欺坐屋一桂灣若何

不孝

反水城不孖求左右脊直性不柔多牸破軍山背去就虎交牙父子讐正屋小從高堂低夹樓饒餘柱勝椋

柾门前独樹梧塹口对门中鳴歸罵阿公独山坟宅俱為悪腳下坟堆忤逆凶山頭若是羊頭様右為欺

母左父翁就虎鬧口又何斷代、兒孫打祖宗

誣積

虎御屍打殺人甲上風及露路深坑汲面破軍及石壓对面倒屍誣積真

奴欺主

左右砂壓及逼就虎欺主奴悪極椂頭若係小梁頭火屋高堂强捍出穴前砂陸起奴捍常欺主穴

耍孤單案砂多模背握肩奴勿理高𡾊巍然左右边堂攢所低奴争理

女專權

巽高女有权坤高不可言兑離皆高聳通庫妻夺夫权白虎山頭圓峯起老公常受婆娘拳堂所俱大门路小陰人权大出前

反目

乾峯高巽峯低艮震山雄兑離微又見门枋若欹斜 室主反目是夫妻

女花

怪樹文曲方腫頭腫尾亦不祥明堂祿存樣门前水反出淫娼兩路直去出淫奔面前古井又掀裙陰陽二宅斜反勢抱頭山見乱纷纷脇下水多花山形衆杓乱君家敵花露体斜飽地鴨頸鵞頭纒不住金星破碎多淫慾桃花水見女貪花棟梁雕花门外井四敗傷生子不明水星当面見招男母莫禁號虎二山隨養女被人迷明堂大嘴葫芦樣又俱坑井樹相堆白虎若有交加路女子貪花去不回祿存貪女淫又見水中木明堂似裙頭馬腿牛肫慾便门連大门要甬別人宿

男花
井内水放花金銀水見子貪花面前捲簾案山側舞袖斜身水又斜
寡婦淫慾
白虎路多反形文曲墻高逼近身前陂波幽夫夭折婦人勿耻乱人倫
淫乱爭風
兩边或山或樹或屋相对高起中间空處有風射者是也
兩峯山隔風征常見歪斜摇擺行縱是良家貢女子床中常伴兩男人
醜婦
太陰金石塞巖到頭鏊魚石醜婦多金居坤地必斜側十個妻兒九是魔
愚頑

山粗廖出愚頑多起勢石峭巉左右若还都斜逼主山凶烈讀书难 放水怕長生四山高小水城一重
案外多深井水星艮坤欠聰明

懶惰

前有砂多蜒蚰左右两边不起頭土星腳下多水浪生下兒孫懶似牛

貧窮

順水砂决出貧山走砂飛水反身明堂簸箕窮到底前逼沒通来氣盈所堂廊屋不相接金居離地主孫貧

欠債

就虎身多破缺山似竹箕屋斜側前山破碎更反飛兒孫結債何時歇

乞食

棗豆山出乞人辰戌山高坟宅深負袋提包播外客東方若見產乞人提籮山出乞食就虎不抱而且直
亥山風露沿街叫砂水反開墻外客穴門山缺〻風吹雖在朱门年衣食朱雀山似芭蕉提籃执碗沿
街讨更見两山似鼓槌求衣乞食高声叫朱雀山似虎存青龍山首數庒形死尸若在山前出街頭伸手弄猴猻

出賊

佃刀砂前没夹背後小山探頭出一山伸首在坟前旗在魁罡能挖壁午甲辛水向辰未做賊叔人手背歇
面上砂若个牛軛辰戌山高壓坟宅案山微〻少露頭行就死賊梁上客青龍白虎頭帶刀没為强
盗先為賊火星斜走犯世代盗结賊更看两水夹帶峯前有鈎〻賊夥结

賭博

十字路賭博家面前更見打掌砂寅午風露靴鞋脫印居寅甲樗蒲双陸誇

戀酒

莫種柳出顛酒貪酒外時醉到酉水星水腳俱水形終日貪杯沒分明臥房內養豬牲子孫將酒不安寧

更有豬欄向門外門前斜看醉昏昏

出惡

出勢強惡砂見粗頑兇勇生強漢左右又有鴨嘴砂敲手拳拱勢凶頭見

屠劊

四金刀屠劍手案上拖刀殺猪狗並薰廚刀居曜地粗頑凶徒梟人首火星拖火如何言屠牛宰馬人業有

雜居

青龍有白虎空二姓同居一屋中龍虎直長多爲火孫房雜姓一門通前有井亦異姓入入舍房凶

乃逢龍虎边兩山随二姓同居乃可推立屋面前有水閣门前雜木自同随

傳姓

鬥氣脉终賣宅太脱氣住不得脉大屋小也难当反亏散氣主爲客门楼高大过於堂所高堂小別人得址基寛大房屋窄換姓更名何須説逢孤陰屋独別当頭虚息主人滅高路平陰並斜側

客来爲主主爲客

離鄉

水路俱返牽離壬来去走天边龍虎尾長遭別去樹頭向外永不还

瘟疫

子午卯酉

四煞冲瘟疫多庙宇门前奈若何小屋若在大樹下木构形遁疫氣磨天井水黑沉沉有林照宅疫病侵土曜巽六宫倉口对艮水冲门瘟病生

痘麻

门前山多々差峩大石層々在门窩四畔赤红煎破碎 天井乱石痘麻磨

瘋病

寅甲風出麻瘋乾上要坑禍必凶厠安巽上来就爱屋後井前亦主瘋左右田畔有糞坑汚穢々水忌流在風隔煞臨惡瘋死寅甲巽破主患瘋

臌脹

罗计壓胸膛腫毒鼓瘴亡朱雀昂頭欺主穴明堂迫狭亦相妨

癩頭

披連煞难当癩瘡埋坑在甲方丁上若有坑並側癩頭癩腦过時光

癆瘵

火匆氣似茶糟赤紅砂見出人癆大樹露根蚯蚓出疔瘡痳後瘵多招空心樹木在面前廉貞星見受熬煎明堂有蕩黃破陷怪樹惡石癆瘵纏二水一火君須忌此病懨懨不可言

心痛

罗計星面前塞大石当门心痛極天井欄杆艮風破空心大樹亦此疾

哮病

独木樹出嗟病前逼後窄氣疾有明堂有蕩不須言屋如一字出哮吼廉貞星見

吐血

明堂大井長狭氣疾当小屋在前楼在後明堂三角主哮亡

面前砂似木搥吐血傷人死可悲前山红赤並破碎一見崩红吐血哀午方峯高或水来必主火疾回禄灾

黃腫

蜒蝺黃腫疾腫脚坟前立草屋獸頭堆架未平地一片醫不得

痔漏

元武山不藏痔漏有損傷就虎胎不抱汝山硬亦亡更有子癸水破局痔漏之病極难当

顛狂

子上井出顛狂前小若似人舞翼左右水溝並水井三楼並列顛狂的兩金夫一火顛人出此地水星湧脚斜小屋大樹多狂舞十字路前文加水出人顛狂何日止喧天大石在門前狂舞之人不知耻

惡瘡

羅计星壓胸膛梁上燕窩主悪瘡糞出当门癰癧疾来就坑窖毒氣当若將乱石安天井门柱破乱總多瘡

多憂

正穴前多逼側烟窗对面欢氣煞更兼朝案近壓高從然富貴多憂危

難產

卧房天井内堆石極要妨房中漲塞俱难產搖皮太長亦有殃左右砂奔生难產砂不回顧受此傷

向中赤色産内死披連又兼離氣塘寅申巳亥四生水朝真不吉池前堆石産中亡

死宅長

氣急羮急

门氣脉宅長亡去就立壓乾峯傷有西与东真不吉左側凤生主不祥楝柱若还不着地那見宅主治家邦

卒死

震方動主卒亡前面深坑不可当兩边涯岸俱深窄穴勿餘氣忽死傷

寄生寄死

白虎頭口開叉穴中又被龍尅他子午卯酉门路衝害生寄死在他家

外死

砂反牽死外方墩似人形順水鄉桥為扛尸並外死明堂傾瀉外洲亡龍虎砂兩脚飽烟包灰袋各出西離上風吹並水射山脚入堂主分離

居官外死

秀水来破旺鄉真山真穴灰袋山貪狼入首水路反多主居官不还家

惡死

辰戌破局入坟宅粉身碎骨死慘極癸水來去毒葯亡乙辰之水木壓的甲水入墓自縊死申水陣亾
免不得丑水刀下決可言乾水石壓誰能識曜水刑戮少人明午水火燒身殞滅

毒藥

葫芦樣毒葯星端向明堂傾葯形黃石若然向坟宅癸上破局毒伤身

投河

黃泉宴怕有塘木寡水多此中亡若見辰戌交流去掃蕩星見水中伤坎上煞去投河辰戌丑未路城
過乙辰水路交加返朱雀奔江怎奈何专就水返塘子癸水流水下亾虎边水路反池窟玄武扛尸水入江

自縊

就砂斷頭又索縄井边路牵自縊身就虎路交子午壓午上風路直來經貴人頭上落反繞犯罪絞死極分明乙辰交換作

繩樣長與惡煞自縊真門前若見藤纏樹田塍並井徑伤就虎頭上交加路上堆人類擁路形白虎若然開兩指出人自縊甚分明

虎傷

寅甲差峩凶右边有石虎形容破軍高石人被虎祿存開口伤此

蛇傷

人家屋有蛇坊只因巳丙路冲長落穴斜擺水勿制出人定是被蛇伤

雷傷雷打屋壓

雷伤人是如何震上廉貞石差峩乾上更有淨岩拱只恐震乾風路腳如雲走形如大雷打屋壓怎奈何

牛觸傷

牛触人丑艮差峩起廉貞丑上山高石石拱路廉貞嵯峨照破軍

犬馬傷

戌乾路犬傷人戌上石頭似虎形更兼戌上有大樹惡犬伤人亦不甯午方若有尸山現廉貞巳午馬伤人

人命

打死人怎得知主星强悪虎啣尸就逢虎鬥兼逢破家有危楼没有池

分屍

堆尸形黄曜悪頭向身体不聯絡腦下黄浪手足分梟首分尸填溝壑白虎尖石搶明堂人在法场

連刑虐貴人山下見尸山監斬奏名斷不錯形如天馬火木身死在火炉真惨悪貴人頭上双路纏犯罪連绞真茶毒

充軍

廉貞射斷充軍破軍拱照不堪論子午卯酉風路動平地高峯亦紛紛再知人家軍賊亦只因鎗劍面前存

金木水火土

五诰若还如何数雖則為官没冲軍斜落土诰巷衝遇破軍却在兑位生硬势竹篙宜迴避貪狼被魁

在軍營火倖頭斜軍賊伍尖砂黃曜衝中人

徒刑

对面煞直射来四面閪圍惹官灾牛牢狱圈安乃主白虎開口不可栽门前小屋多安乃屋脊相冲訟獄来

破軍面前犯安方前没反側也难当屋角尖射因安敗露形脈氣亦須防前面圓峯朱雀拖有路十字獄

中込更防砂似鉤鐮樣路如川字犯徒傷水冲玄武居难曉家招徒配苦徬徨

官符

白虎昂首眼尖白虎開口安乃殃朱雀開口安乃至白虎交牙父子傷乾方動大官妨牛牢獄圈最难当没面破軍如石

壁土金星强急也須防缺漏之屋脊如此门楼平閣亦安傷長生幽櫩為木吸牽連人命幾多塲

赦文

丙丁水為赦文龍虎抱衛勿風生乘龍六秀丙丁起家宅水勿刑罰侵

被火

干門水要火燒屋頭前泼兩行朝午方独起高峯四門外〻樹尽皆蕉火旺木廢如伏斷家指回頭不相饒也如船形滿載多〻四畔石壁乱嵳峩寅龍午戌水合局廉貞高照大來磨更兼四畔芭蕉樣常〻被火燒不差

被賊

廉貞照被賊凶更〻有探頭側面峯脇腋開門盜賊至子午卯酉廉貞峯門前有路如川字年〻常有賊人逢

損畜

紅赤砂損犧牲四路風生畜不盈穴逢氣散勿收指四面高壓總勿成

損貓

还魂泥母泥壁側步脚下勿用石樓梯单步々治為良不然貓而鼠共食

損蠶

卧蚕山頭反側宅中聚水蚕不实就虎山上破缺逢养蚕十箔勿一滿

鬼怪

东北门鬼怪入三陽不照名陰極破屋停柩点此災穴有响竅鬼祟集卧房幽暗膀腋门樹腫頭腫

鬼怪泣芭蕉年久多成精戦场作穴藏妖孽

怪異

朱雀山似蝦蟇生出鬼子没奈何或然怪石生在內看々生下一堆蛇虎存々山多破碎三年有孕是血瘕来就

頭上缺三缺怪胎肚内叫哇哇

怪夢

床被壓怪夢多燕頸不塞夢多魔脇腋開門多惡夢冲床射背夢中磨

駝腰

路反背出駝腰穴中見穴屈身搖曲木駝腰並曲背穴情斜反穴間掐屋前平頭後高樓惟有枯樹向外頭

形尖卻是祿存樣家中常見曲駝腰

跛足

門扇柱下補接路為角尺向外別乾水來去跛足履砂腳斜側足有疾砂為東依掎折形樹頭腫腳人

足蹶黃泉人路斜反來人家腳疾分別說

鬍子

又加巽出鬍子〻交寅水亦稀奇餘氣鋪張山不割蝦鬚重叠亦鬍鬚

瞎眼

生印馬瞽目殃墩頭破碎眼兒伤明堂若運三個角尖砂嘴沒亦須防辰上路患眼災明堂堆凹眼

小闹水流虎口亦如此就虎不護瞽目来火烟出壁俱目瞎廡在明堂患眼尖糞坑若在明堂內

以前佛塔眼勿光天井火石坐四角井闹子午卯酉方悪破紅面对屋脊坑鎗伤損眼亦防

啞子

白虎兩小尖順水至投前主啞人

巳上冲啞口伤天井大石对中央墓宅灰袋系、炉樣明堂浮石亦不祥戌乾水出音啞人悪石定

主啞子身酉山懶後辰水入有口手言惱殺人

耳聾

明堂內有祿存土星惟見石稜層惡石当门聾啞應葫芦砂見出聾人栋柱虫窟空出人總不聰前门或有暗亭子耳门塞了亦耳聾

癭瘤

水中石似葫芦癭瘤人信必有戌水折丙誰人識当頭撞柱有癭瘤

六指

出六指有何因子小高聳六指生癸方水注亦如此山水顯路手足生

陽宅總論

歷代相宅之法大率以準於卦例小遊年歌且視門居何卦大遊年歌本卦之局以門相宅遇吉斷吉遇凶斷凶辨別吉凶更別准其吉凶之得位不得位斷之如貪狼遇坎震為陽位主子孫興隆富貴綿長貪狼遇離巨遇乾武曲遇坎為洩氣主子孫不貴富貴短促貪狼迕坤巨迕坎武曲迕震巽為受尅主人財衰敗之類是也予涉江湖遍閱陽宅屢試不灵推求其故總由陰陽不分動靜不明山水方向未辨耳夫福澤之龍必以行龍不襟論房內吉凶必以屋淺坐山論門內禍福必以門外砂水沖尅斷論妖魔鬼怪形象姓名衣服顏色出沒時候來去路徑因必從陰陽中分出方確然不以二十八宿納入陰陽參看則何從而剖之時師謬言四五重為動宅二三重為靜宅則無是理以屋之多寡分為動靜而不以獸頭垛子為動靜何怪其相宅之不驗也

陽宅定針法

相宅之法從在中宮下罗盤如一重兩廂房内必看天井本身起门楼必以第二柱下為中宮下罗盤分屋間吉凶如兩重上下左右俱有廂房天井必以中重天井内為中宮下罗盤分房間吉凶如一氣三重俱有廂房天井必以中重為中宮下罗盤定吉凶如一重一廂不論三五重分斷房間吉凶只以中宮論至於獸頭垛子必在天井𠢐上下罗盤其居何字上㕍何度宿按斷男女老少衣色出沒時候禍福吉凶無不应驗此相宅下罗经的诀也

陽宅二十四山吉凶定斷

壬子癸行龍　造屋坐壬子癸三山立丙午丁三向门外砂案水路门内獸垛俱合净陽惟寅甲乙辰坤申戌乾諸方人財兩旺若丑艮巽巳丙丁未庚酉辛卯亥諸方人才欠吉而響亦有差丁未峯水獸頭路動主未方出中年吊頸鬼身服青藍衣酉亥二時出現蓋二十八宿未居鬼金羊度下亦是羊精之類此方主吊頸未坤丑、艮方出幼年男吊頸鬼身着青白色衣或二更天明出現此方住人或吊頸或癆病少亡蓋二十八宿丑艮居斗牛度也巽巳丙峯水獸垛路動主巽巳丙方出少年女鬼美貌身穿青红色衣二更出見盖二十八宿巽居角木蛟巳居翼火蛇丙居張月鹿此方住人多淫慾癆病少亡滅絶丙與辛合巽又納辛巳與申合亦主庚申辛方出白衣中年女鬼貌深一更出見盖宿度辛居胃土雉酉居昴日雞也且丁納于酉丁是中年男子貌凶頑滿身紅衣宿度居柳土獐也又主辛酉方住人多產难損婦女以庚酉峯水路動並塚子動卯酉一冲其响应在卯方主出青衣中年男鬼貌瘦宿居房日兎此鬼姓洪酉時出見若除此鬼或庚酉辛巽巳丙俱動即改東門樓即滅以巽巳丙未動大門即改亥巳以收之其鬼怪亦滅餘仿此

丑艮行龍　屋扦坐丑艮二山門即做坤未二向門外砂案水路並門內獸塚俱合淨陰惟巽巳丙丁未庚酉辛亥卯諸方皆吉若壬子癸戌乾寅甲乙辰坤申諸方房間人才欠旺响動有之若午峰水塚子動主壬子癸方出中年男鬼身着灰色衣二更出見盖宿度癸居女土蝠子居虛日鼠壬居危月燕其精是㕭鼠化成其音似母雞叫住此方人必主墮胎產厄滅絶坤申峰水路塚動其响应在甲寅方出中年女鬼貌帶微赤身穿青紅衣清晨出見盖宿居心月狐尾火虎其怪多狐狸虎

精之類住此方人多瘋瘟火疾乙辰方主嗣盡乙納壬坤申子辰合宿應氐土貉亢金龍乙納子坤木旺故多主嗣午寅戌合成火局主戌乾方出老年男鬼吊頸鬼魏凶身穿白衣宿度婁金狗奎木狼主狗狼二精一更出見住此方人多鰥夫但此向係地支難以扦改凡遇地支向到頭陽宅均皆無救故不復叙

寅甲行龍　屋扦坐寅甲向申庚門外砂案水路門內歡塚俱要合淨陽惟壬子癸戌乾乙辰諸方皆吉若卯亥巽巳丙丑艮丁未庚酉辛諸方人才欠旺而响動有之若庚酉辛方峯水路塚動其响應在卯方蓋卯宿坐房日兔其精似兔子一般午酉兩時出見其形中年男鬼身服青衣自西方來辛納巽巽巳丙方住人多少亡淫乱癆病其鬼顏色衣服出没時候俱坐坎宅斷丁未方出紅面吊頸鬼一更出見未峯水路塚動其响應在丑艮二方出少年男吊頸鬼丑艮方住人主吊頸寅甲向無改惟甲庚改卯酉以收之响動立消

卯龍單行　屋扦卯酉門外峯水路門內歡塚俱合淨陰惟丑艮巽巳丙丁未方大吉若寅甲乙辰午坤申戌乾壬子癸諸方不吉响動有之若坤申峯水路塚動主寅甲方出中年女鬼面帶微紅身服青紅衣一更出見宿度心尾二星是狐狸虎精之類戌乾峯水路塚動主此房間出老年吊頸鬼宿應奎婁二星二更出見主此方人出鰥夫多自縊坤納乙辰戌相沖乙辰方出少年男女二鬼身服青黃衣一更出

見宿应亢氐二星住此方主吊頸乏嗣人財不旺壬子癸方主老鼠精人衰財散住此必主难產少亡損婦女出寡母

乙辰行龍　屋扦乙辰二山门立辛戌二向门外案峰水路门内歟埰俱合淨陽惟寅甲壬子癸坤申诸方大吉若巽巳丙丁未丑艮亥卯诸方欠吉而响動有之若辛酉峯水路埰動辛納於巽其响应在巽巳丙方主出三個少年女鬼俱貌美身服青红衣二更出見宿应角翼張三精主蛇咬住此方多癆病少亡淫乱瘟病火災丁未方有峯水路丁納於酉此方主人多忤逆自縊墮胎產难宿应畢柳二星男鬼红衣女鬼青衣一更出見未方峯水路埰動其响应在丑艮方出幼年孩子身服青白衣一更出見宿应牛斗二星此方住人少年多癆病自縊亥方主吐血癆病自縊辰戌年改只乙辛改卯酉大门其怪自消

巽巳丙行龍　屋扦巽巳丙三山门向乾亥壬三向门外案峯水路门内歟埰俱合淨陰惟丁未丑艮庚酉辛亥卯诸方大吉若寅甲乙辰午坤申壬子癸诸方欠吉而响動有之若戌乾方峯水路埰動辰戌相冲乙辰方出青衣幼年女子一更出見宿应氐亢二星住此人多自縊乾峯水路埰動乾納於甲主寅方出少年女鬼服青红衣一更出見宿应心尾住此方人多瘟疫瘋疾火災絶滅子孫壬子癸方峯水路埰動主此三方不旺人財產难少亡其鬼主中年男子身服灰色衣半夜

出見坤申方主出寡母淫乱宿应星参觜不旺人丁若有一派陽砂水即改辰戌以除之其怪自消
午龍单行 屋扦午子门外峯案路门内獸探俱合净陽惟坤申戌乾寅甲诀方大吉若巽巳丙
庚酉辛丑艮亥卯诀方不吉响動有之若丑艮亥峯水路探動其响应在巽巳丙方此方住人少亡
痨病宿应角翼張三星出少年美貌三女子身服青红衣二更出見丑未一坤丁未方多忤逆自縊
庚酉辛不旺人財主绝嗣淫乱酉丑会成金局丑未一冲主庚酉辛方出中年美貌两女鬼身服青
白衣一更出見宿应昴畢二星丑艮方宿应斗牛二星主出少年孩子一更出見此方多痨病少亡
丁未行龍 屋扦丁未二山门立癸丑二向门外峯案水路门内獸探俱合净陰惟庚酉辛巽
巳丙丑艮諸方大吉若午乙辰寅甲壬子癸戌乾坤申方欠吉响動有之若寅甲峯水案路
探子動其响应在坤申方出一老女鬼身服青黄衣又出一中年鬼身服白黄衣宿应觜参二星
此方住人多出寡母或被妖纏壬子癸峯水動主出老鼠精中年男子服灰色衣半夜出見子午一冲
主午方出一中年女子服红衣一更出見满身红色宿应星日馬最凶狂戌乾峯水動主北方住人多鰥
夫或吊頸宿应奎婁二星出老年男子中年女子服红衣一更出見又应在寅甲乙辰方乾纳甲主
寅甲方出兩個中年女子服青红衣宿应心尾二星或申時天明出見住此方人多瘟病火災辰戌
一冲出男女二鬼服青白衣二更出見此方住人多忤逆自縊乏嗣面前必有纯陽一派砂水改陽向门樓以除之

坤申行龍　屋扦坤申二山门立艮寅二向门外案峰水路门内獸塜俱合净陽惟戌乾乙辰壬子癸午方皆吉若庚酉辛丁未巽巳丙亥卯諸方欠吉而响動有之若丑艮峯水等動其响应在丁未巽巳丙方丑未一冲主未方出一少年女子服青藍衣宿应鬼金羊三更出見住此方人多忤逆自縊巽巳丙方主出三個少年女鬼服青紅衣一更出見住此方人多少亡癆病淫乱生孩不育卯峯水動卯酉一冲其响应在庚酉辛方主出一女鬼服青白衣一更出見宿应昴星住此方人多損婦女淫乱少亡卯方出中年男子服青藍衣酉時出見宿应房星住此方人不利亥方吐血癆病面前若有一派陰砂即改陰向以除之

庚酉辛行龍　屋扦庚酉辛三山门立甲卯乙三向门外峯案水路门内獸塜俱合净陰惟丁未巽巳丙丑艮諸方皆吉若戌乾壬子癸寅甲坤申午諸方欠吉而响動有之若寅甲峯水路塜動其响应在戌乾坤申等方乾納甲主乾方出一少年男子服紅衣一更出見宿应奎婁二星此方住人損人口吊頸瘋瘟疾鰥夫寅申一冲出一老年女子服青黃衣申方出中年男子服白黃衣宿应觜參二星住此人多寡母損少年壬子癸方難產無絶午方出中年女鬼服紅衣宿应星日馬住此方人多目疾淫乱若面前一派陽砂水改陽向以消之

戌乾行龍　屋扦戌乾二山门立辰巽二向门外峯案水路门内獸塜俱合净陽惟壬子癸寅甲

坤申方皆吉庚酉辛丁未丑艮卯亥諸方久吉而响動有之若巽巳丙峯案水路動主庚酉辛出二女一男子服黑白衣一更出見宿应胃昴畢三星此方住人多産难少亡滅絶丁未峯動其峯应在丑艮方丁未方出一中年男子服红衣又一中年女子服青藍衣丑酉两時出見宿应柳鬼二星此方住人多吊頸丑未相冲其响应在丑艮方主出少年男子两個服青白衣酉時出見其貌凶頑巳丙方不旺人財主出中年女鬼服青衣酉亥二時出見凶面前一派純陰砂水即孩亥巳以除之

亥龍单行　壓圩亥山巳向门外峯水案山路门内獸採俱合净陰庚酉辛巽巳丙丑艮諸方大吉若壬子癸坤申寅甲戌乾諸方久吉而响動有之若千峯水路採動其响应在壬子癸方主出中年男子服灰色衣一更出見宿应虚日鼠是老鼠精住此方人多産难少亡絶滅午戌会成火局戌方难免乙辰動其响应在本宫又辰戌一冲乾納甲主乾戌响動住寅甲人多瘟瘦瘋疾火災聋啞乙辰方多乏嗣忤逆鰥夫申方出寡婦少亡

濟偕誌怪也山海奇也誌怪而不反常侈奇而離正蓋根自当其胎于大易也昔者偕友竹月盧者指玄秘本數多繁冗勦襲歷十餘年以至今日未破萬卷而蒐罗倍昔未穿九丱而轍环蓋遍向之所見皆為陳迹归课子弟作一字心法其中奇怪禍福悉從圣径贡傳中

簡練揣摩獨出心裁而成之者也起於孟冬卒於腊底蕩暮離落之下五更風雨之晨幾歷星霜問以度幾年愧問世或者有功於世之覽者亦將有感于斯文否也

以上陰陽訣方有本宮犯者有沖宮犯者有会犯者有納配犯者有肘鄰犯者方之作如是觀者凡看一方慎勿忽此五者

亥山巳向陽宅斷

壬子癸方住人初旺二十四年後則多生少養多黃腫小產血光之災蓋坎卦為北方坎主之氣故多生因破局之害故少養坎為水之精其身故黃腫水性流而忌返主離鄉

癸水乃天地不足之氣故小產多災坎血卦故多血光之災

壬方安床逢寅午戌年不利以離納壬寅午戌年也逢丁年不利亦以離納壬也逢申子辰年不利以坎納癸申子辰也若大門外午方峯水子方人招目疾以子午相沖也

癸方安床逢戊年不利以戊与癸合逢申子辰不利以坎納癸申子辰也

丑艮方住人多旺田牛

艮方安床生聰明之子以艮逢六秀也逢丙年生男以艮納丙也

丑方安床逢未年生子以丑未相沖也逢巳酉丑年生女以太歲分男女也

寅方安床女多男少以寅屬女也逢寅午年生女戌年生男以太歲分男女也申年不利以寅申

相沖也逢寅午戌年不利以離納寅午戌也

甲卯乙三方住人亦生女多男少一子傳家子可存餘則難養以震為男二陰夾陽也

甲方安房亦生女少男少以乾納甲為妻房女位也逢乙年不利以甲與乙合也

卯方安房逢酉年生女以太歲房女也逢亥卯年生男未年生女以震納庚亥卯未子男女也

乙方安房主小產乏嗣蓋乙為栽接之木主抱養乃天地不足之氣故主小產逢庚年不利以乙與庚合也

辰方安房主夫妻不合以辰水墓故逢申子辰年不利以坎納癸申子辰也逢戌年不利以辰戌相沖也

巽方安房逢辛年添丁以巽納辛也

巳方安房逢亥年流丁巳亥相沖也逢巳酉丑添丁以兑納丁巳酉丑也

丙方安房逢辛年添丁以丙與辛合也

午方安房多目疾以離房目逢寅午戌年不利以離納壬寅午戌也主女多男少蓋离納壬房安也

丁方安房逢巳酉丑年添丁以兑納丁巳酉丑也

未方安房亥卯未年生子以震納庚亥卯未也

坤方住人多寡婦逢乙年不利以坤納乙也逢申子辰年以坎納癸申子辰也寅午年不利以寅申相沖也

庚酉辛方住人多生罡强聰明之子以震納庚故也

庚酉辛方安房多男少女以方位言男女也乾戌方住人大不利若大门外有辰方砂水夫妻婦不合吊頸以辰戌相沖也乾為鼓盆煞主尅妻又為老陽之亢不交主尅妻々又納甲木々主瘋顛跏乾為人頭耳目主有聾盲此乾戌破局之害也

舉此一向餘可類推大抵会局之方逢合局之年則吉即逢相冲之年亦吉若破局之方逢冲合会局之年則有凶而無吉矣抑又有進為此陽方破局逢陽年生庚陰方破局逢陰年生庚犹年其害若陽破陰々破陽非夭則絶以会合本年之煞氣也

楊曾九星造門經

巽宫官鬼離大殃退財坤上切須防中央未谷震昌盛金銀居兑細推詳進財在艮橫在坎惟在曲

庫房乾方五音生爱起甲子本命起步順非常

九星運

戌亥乾 典庫	庚酉辛 金銀	丑艮寅 進財	丙午丁 火殃
巽巳丙 官災	甲卯乙 昌盛	未坤申 退財	癸子壬 橫財

商音巽上起角音乾上起徵音艮上起宮音坤上起各於音姓所屬起甲子尽六甲生人不向上中下元皆以順飛九宮遇年到宮如到坎震中乾兌艮六位吉到坤巽離三位凶

假如角音姓生人屬木木〻生在亥屬乾就乾宮起甲子飛到生年起千零年相雜數去癸巳三十七歲到乾宮典庫門大吉四十四歲到巽宮鬼門大凶則此年不利開造門戶其餘倣此如斷人家門宅吉凶依此爲用勿一失角音屬木乾上起商音屬金巽上行宮土羽水坤上發徵音屬火艮上明 如從甲子順尋本命到宮數行年此法取宅長行年通利又合得起年月利乃爲上吉金銀不傳人當宝秘之

修門忌年

九良星 己卯丁亥癸巳甲辰年占大门 亥年九月十月占大门 壬寅乙未庚申年占後门 丁巳年占前门 丁卯癸酉己卯占後门

修門忌月

丘公煞 甲己年九月 丁壬年三月 乙庚年十二月 戊癸年五月 丙辛年正月

二四月占门 六甲胎神 三九月占 甲己卯酉日占 土公春夏占 大小耗星七月占

牛黃煞 六七十一 三九月占門 牛猪胎

修門忌日

債不星 大月初三 十一 十九 二十七 小月初二 初十 十八 二十六 忌安門

紅嘴朱雀 庚午 丁酉 己卯 丙午 戊子 乙卯 门大夫死日 庚寅

修門忌方 春秋不作東西門 夏冬不作南北門

債不星方忌作門甲己丁壬年占辰乾
乙庚戊癸年占坎坤庚
丙辛年占午

天機木星安門活法

天罡星牛羊公事　燥火星換妻欠債長病　金水旺六畜絲蚕田地
掃蕩星家業退敗淫蕩　天財星旺絲蚕進橫財

干上起木星　天罡支上行　兼逢木位得　又兼掃蕩神　八干兩四維
水蕩二美星　裁太須含　向水一般論　五星逢旺樂　此是地中珍

天罡行十二支　子午卯酉軍賊煞　寅申巳亥田塘煞　辰戌丑未捧杖煞
燥火行十二支　子午卯酉瘟犬煞　寅申巳亥自縊煞　辰戌丑未牛羊煞
孤曜行十二支　子午卯酉孤寡煞　寅申巳亥跛跏煞　辰戌丑未二匠煞
掃蕩行十二支　子午卯酉逃産煞　寅申巳亥慵懶煞　辰戌丑未花酒煞

仙傳取白蟻訣

張士乂主一日見自己屋內大樑上斷一根白蟻衍〻無以滅除竟往白雲洞求問於大仙〻曰白蟻乃天覆地載萬物之灵識寒暑曉陰陽
宅春秋按四時收正氣造化生成百蟲性命怎敢毀傷乎士乂曰天生麒麟鳳凰能納国家祥瑞白蟻乃吃人家屋宇
坯人家尸根骸骨必要（天仙）興利除害設方除滅可也天仙曰若除此蟻有何難哉此蟻在窩正月未動二月雖動未起三月起來
吃木四月生子五月母蟻能走六月公蟻老死七月七上小起八月搬泥做窩九月閉塞路徑十月安宿一斗吃屋簷柱二斗吃
屋脊柱三斗吃大樑四斗滿墻行三十六家歸土洞七十二家樹底尋堆金積玉人不識〻破機關算得真黃土有突白蹤
之格麻枯紫色露白出紅輕巧搥打此間眠乾就濕枯樹好將枯樹斷上下相應便為奇墻上蟻路墻下看順耳下
三看是蟻岸紙〻衍〻不必尋陽生陽法陰欺害眾樹葉青黃葉的節窩泥封矣空隙若不尋往枉費心
堆金積玉無所覓識破机關卻有神園墻粉墻路糙飾運土御泥路不私朝南晒暖為宅旺太陽出沒不相違

当於此處問老根若乃外面遊戲路此是遊山不須疑墻壁屋破暫有意孝不開明失為真大凡屋後逼殺必生蚁天井不放水亦然屋内天井放水犯卯位主生蚁卯位廉貞須認錯毋過方位認居宅風色要眼观之裁断

閉風　搖風　迴風　索風　塞水逆水錯水水照

挖蟻起九星例

貪巨祿文廉武破左輔右弼以坐山起九星遍貪文二處來路積水有風即有蚁如乾亥壬三山庚上起貪狼癸巽亦是貪寅午戌是文子癸丑三山乾是貪甲丁亦是貪申子辰是文艮寅甲三山坤是貪乙壬亦是貪巳酉丑是文卯乙辰三山艮起貪丙辛亦是貪亥卯未是文巽巳丙三山亥起貪卯未亦是貪巽庚癸是文午丁未三山巳起貪酉丑亦是貪乾甲丁是文坤申庚三山寅起貪午戌亦是貪坤壬乙是文酉辛戌三山申子辰是貪艮丙辛是文以上各方破局有水來用土填住屋依各方開風窩蚁不侵

乾亥壬山癸庚巽坎癸丑山乾甲丁艮寅甲山坤壬乙卯乙辰山艮丙辛巽巳丙山亥卯未午丁未山巳酉丑

坤庚申山寅午戌　酉辛戌山申子辰

尋蟻窠秘訣

以坐山為主取合局取四庫是也　又取生旺墓而論窠多生者以上居中也

要知白蟻何來因　造架所坐水路真　水土山頭寅午戌　木向巳酉丑中尋　金山亥卯未山發　火山申子辰位侵　任是柱樓高百尺　須防逐日化灰塵

斷白蟻八風論山定局

戌乾亥山將來就　只怕艮坤兩膊風　兩脚有風來射穴　其家必定生蟻虫　壬子癸山真正就　穴中只怕甲卯風　白蟻上樑人不識　屋柱將來一掃空　丑艮寅山一樣推　壬丙庚酉怕風吹　任是銅果並鐵柱　白蟻黃虫滿屋飛　甲卯乙山震方就　最獲坤申乾亥風　四路急風來射穴　免呼屋下柱頭空　辰巽巳山將來就　只怕壬子坤申風　此處四臨有風射　白蟻當頭一定凶

丙午丁山怕艮風戌乾風射十分凶白蚁成堆来吃屋坟墓犯此亦相同未坤申怕甲卯風又憔壬子有風冲未怕

艮風当面射白蚁多端满屋中庚酉辛山成完就又愁艮巽有風冲时師牢记仙传诀免得重劳又费工

看蟻改水法訣

宅水之流連行取為人身之血脈之分有阻即生病言兼二故曰三合五行合局

掘蟻

凡宅舍有蚁必有窠蚁性怕寒多在近風近水向陽樹下墻下惟深林樹木不藏若樹上走成土路此遊蚁也

外連暗金伏斷日及一白八白受死日以木樁將柱塞之自上而下自下而上敲擊之可除滅矣

向上論蟻

甲庚卯酉寅上起乙辛辰戌占龍頭丙壬子午申上發艮坤寅申子上求

論蟻十斷

初斷

天生惡殺在東方甲乙受災殃戊己任伏起行藏自有常北方难見此丙丁不敢当

二斷

正月而未動二動而未起三起而吃木四落而生子五飛而能走六滅而老死七月生子八月做窠 九月閉塞户路 十月居窠破寒

三斷多寡

一升吃门枋二升吃柱梁三升吃脊柱四升滿墻行上了四五石蚨蚁傾家坊操至三升零九合翻未復去地上行

四斷

東方吃木西方覔南方毀屋北方存正殺正西是本位七五步上見分明

五斷

白蚁百家生七十二家木底寻三十八家归土洞無家还问老帝君

六斷

初來一看蚁迹稀土墻邊広看週圍蚁迹少而樹木盛此處当知離宅退大樹根下存細推

七斷

遠近來路要推訪點點無形土裡藏一一追寻須細看木墻坡塹及园房

八斷

此物原來本性金溝渠橫水糞堆深溝中避蚁藏家裡及早追寻免禍侵

十斷

用心用意細推詳決斷蚁窠在何方樹墻坡塹归地下鋤頭挖破便除殃

八十三

大小中三神開放

火蚁白蚁红嘴红頭主有回煠之災红色若红至頭腰时其災即發是蚁门窗〻户扇皆有只不吃上梁頭要一白水星年月日时除之其蚁自止 氣蚁渾身白色畧帶藍其臭不可聞其蚁越治越發須用大缸一口背貯松木尾柴在内埋在蚁真來路處使蚁入内至十一月將缸撇起缸内白蚁置於塘水内化之蚁藍色藍至腰时其殃即生乃不正之氣所生也

運蚁红而帶黑艳其臭不可聞又能夹人咬人其家見之主有換妝之兆 又有花蚁入家不宜見主不祥之兆

風火蚁红黄帶潤宝色光明反主其家吉利

照蟻經

凡遇屋墻坡壍地行路踪跡要経心吃木不同其名大者須要着意灶上為真形封漏氣空隙兩墻交合處

燕窩泥便是屋〻封到頂墻脚二三尺擻鬧黑糞土白麻漏踪跡虚地行到底下手莫容易堅固氣虚泡只在二三

尺為東挖東者西挖西默默年形土內藏蟻身動靜皆朝陽東方甲乙木星殃丙丁火位不敢當北方毀屋南方存正卧未動

至半月前有白蟻百家生白蟻蟻銅頭鉄嘴身似糯米逢山穿過遇水穿底從一尺至十丈從十丈至十餘丈坡墻之下墊土之間定

要一一追尋不可忽畧錯過堆金積玉人怎知若要求我百步看墊頂屋脊大小樹茂盛林中年蟻鑽怎能看真假須當

百步觀仙傳照蟻經切勿亂傳人珍重者吉輕洩者凶

屋傍石襯訪踪跡窠破穴穿蟻不居还尋方滿土泥的樹窠上窠尽皆然踪跡方為實土有君臣泥有新舊

運土唧泥決不移進門三看門枋進屋看屋樑凡看白蟻先看蟻紋若向白蟻先究起處一斗吃門枋二斗吃屋樑三

斗三升滿屋行不过三升並五合翻來復去土裡藏上了三四斗宅墓定指殃年有穿山之力月有傾家之患但看

棺骨指侵吃子孫敗絕人貧窮仙傳授照蟻經珍重者吉輕洩者凶奉為至寶莫亂傳人

論水神斷白蟻

以水為主長生沐浴冠帶以本山起長生子午卯酉四柱又看見聞有請速駕臨統領諸將赴壇庭倘有不順吾道法先斬頭來汝見帝我今既請坐來臨大賜雷威加擁護急急如律令勅　右手執劍扶右符於酒盞上

再右大符咒曰　三界達摩皆拱手十方外道悉歸依下有六龍駝六箇中間扶起七星旗八大將軍齊放砲鬼神個個哭啼啼

雨上云頭右時口念乾坎艮震巽離坤兌又口唸上清太清玉清下耳內　右二十八宿並本縣知其名目頓首拜三遍畢揖送

廿八宿星名　角亢氐房心尾箕斗牛女虛危室壁奎婁胃昴畢觜參井鬼柳星張翼軫　將符米貯於盤內到犯煞之地步九星手撒米於犯煞處左右地方口唸貪撒一把走一步又一人將酒滴一點於地又走一步念巨撒一把又將酒滴一點口唸貪巨祿文廉武破輔弼同前未恐米未撒盡亦同前週而復始

起符使制煞方訣

凡鄰家修造動土在我住屋之方破戊己都天五黃三煞及独水反風路病死上有水路在右边来白蚁在右边或柱下或樹下中堂下罗經左边七十步見木即是蚁窠每木即在棟樑下取窠亦在中宫下罗经若右边八十步見木即是白蚁窠子午卯酉四向忌風路冲射若卯白蚁在酉方子白蚁在午方見有白蚁窠即在棟樑柱下取蚁窠左边風路来斷己酉丑年起右边風路来斷寅午戌年起小雪後做窠立冬五日後算起巳乾巽宫臨多生白蚁有壙窠同斷坤艮在此

丑艮寅山一樣看丙午庚酉怕風穿任是銅梁並鉄柱自然屋倒蚁侵棺

甲卯乙山東方生坤申乾亥風难过有人知得照蚁径陰陽二宅無災禍

驅制每年三煞靈符

先用酒一杯刺公雞血於內米一碗並取所犯煞方土一塊合於米內並在棹上焚香於炉淨洗　请神咒曰

北帝令動斬鬼無停北帝勅照斬鬼無形仰祈地師温帥將真元殺鬼大將軍十世修行為太子一粒金丹成至尊天星地躍俱來下土方神煞即埋藏我孝忠孝代判逆帝賜玉斧斬妖精火大月建小兒煞宅長的煞即年月的煞尚我不利之方從教法定先祖福神合火暫归灵界將符使出起鄰家所修之方令轉而安吉方候月餘過視孝家原係中宮合聚煞占煞汝安合先祖福神合火所有符使符安除方可御也

喳　嘶耳　喃

呇起神（幽火）

内有口訣

四殷郊唵吽叱唎現光合明天帝日嘶耳

普庵祖師

咒曰　道法本無多南辰貫北河算來三七數伏尽世間魔符使未成之後設案焚合酒醴冥錢祭之跪合家主允修方動作

△處於犯其煞弟子只得從教宗依前賣法術起立符使駐位於对坐之者逢凶化吉鮮禍成祥　普畢用高竿監起候他家修造完備移合火符使入宅然後御符可鎮宅舍

前符内圀圈旁批内有口訣即右二十八宿二十八字並本县知县姓名頓首拜俱三遍尾拜字再塗黑圈勿令明透

地契式

北極陰陽院　恭維土府門下冥司執證事　立賣開荒土主后土夫人今因吉穴一所比得価九九貫文永賣与△名下
冥中管業憑白鶴仙人探明界址東至甲乙西至庚辛南至丙丁北至壬癸中央戊己四界明白不許魑魅魍魎上下
左右伏屍侵佔葬所如有不道者許亡人執此文憑赴
九天門下告究即差青衣童子虎威將軍照依
玄女律例施行
右具地契一紙付亡人△冥中執照
憑中　張堅固十　本方土地富十
李定度華十　柳义相公貴十
天運△年△月△日立賣地契開荒土主后土夫人守坟金童玉女
地契一紙鎮金井
子孫定主永興隆

祝龍文

伏以日吉時良天地開張吾今扦葬煞沒神藏白鶴仙人來點穴四面山水俱朝降用手執定珍珠米撒在孝子滿身旁一撒甲乙木東方多子多孫滿華堂二撒庚辛金西方財帛千箱谷萬倉三撒丙丁火南方連科及第狀元郎四撒壬癸水北方高官厚祿在朝廊五撒戊己土中央滿門高壽永安康孝子在前俯伏拜龍神從面笑顏開真龍不必多囑咐發丁發秀自然來天聽天師請地聽地師言自從今日安葬後富貴榮華萬萬年

開山破土祭文

洪範衍疇秀萃五行之內月令紀政旺祥四季之中物成始而成終功真浩蕩人有財而有用德更深宏品彙之亨無機不暢剛柔之体有植即生弟子某某諏吉期以興工以扦草祇祈動不為災吉神呵護趨良辰以破土窆願履其無險閤宅安平猶且獲福於宅舍佳城龍神有應自汝荷深恩於久遠子子孫孫大受福無疆矣

大清光緒　年　月　日　時　申

謝土安山祭新墳文疏

謹具供獻焚香、呈奠牲醴安山、謝土祈福降祥祭主　名　慈化伏為仙遊　名　在此安葬新作　山　向為塋切恐

年　月　日　時更倫亨等驚動山中神祇、以及古墓精灵、一時人夫鹵莽、不知禁忌、恐冒犯於　龍神、而亡人

不安驚醒先灵而生怨愧因斯惶懼、故伸安[illegible]良旦大土、虔具牲醴之儀奠安本山土神、以及古墓

精灵更祈山青水秀、地脉興隆、子孫世代昌盛安遺於焉而迪吉多哭、長發其祥、全叨庇佑、謹具文疏上奉

九壘土府高皇大帝　墓中亡人　伏乞

聖慈洞回昭格北極陰陽院之至謹疏

大清光緒　年　月　日　時　申

八十七

北魁玄範府　為犇柩回籍以渡關津事
牌仰護柩官君　告報沿途衆神
令有棺柩過境　勿許邪鬼相侵
凡過關津渡口　星夜驗引放行
倘敢違悞不遵　依律治罪滅形
計開亡過么灵柩自〇〇省〇處起程送至〇〇府〇〇處祖塋安葬即日回銷

大清光緒　年　月　日給
府引
实貼棺右